中國最後一代文人——蔡德允的琴、詩、書與人生

THE LAST OF CHINA'S LITERATI:
The Music, Poetry, and Life of
Tsar Teh-yun

榮鴻曾　原著

黃樹志　翻譯

謝俊仁　審校

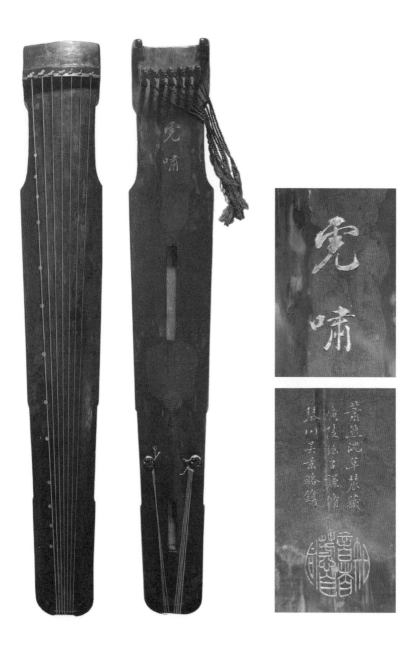

蔡德允自用「虎嘯」琴與銘文。

蔡德允老師炫目的風采，攝於北角大廈老師家中，1985 年。

原著沈序

2004 年 5 月，榮鴻曾出示他所寫家母傳記的初稿。我知道他對家母訪談多年，目的是要記錄她的生平與作品，但沒想到成果竟然如此的巨細無遺且具洞悉力。當他問我對書稿的意見時，我的答案是：「你了解我的母親更甚於我了。」事實上使我頗感意外的是，家母不單向鴻曾細述她的生平，更向他傾吐了連我也知之甚少的內心感受。

即使今天，當我讀到完稿時，仍很驚訝鴻曾是怎樣誘導向來沉默寡言而內向的家母，可以如此無拘無束地與他傾談。不但講述了她自己的童年、她年青時代的抱負、她未實現的夢想和她從心底深處轉向詩詞與音樂的歷程，更甚者，是她終生對家人與故鄉的深切思念。我固然很清楚家母的生活與經歷，她在書法、詩詞與彈琴各方面的成就。但在讀完鴻曾的作品後，我才感到我只膚淺地認識我的母親，這本傳記刻劃了她真實內在的自我。

世界永遠在改變。自古到今，老一輩時常覺得他們雖然很努力地去

跟上時代，但在新、舊價值觀的衝突中，他們往往進退維谷。在中國，當辛亥革命史無前例地將一個兩千年的君主制國家變為共和制時，隨之而來的局勢更是兵荒馬亂，包括軍閥之間的混戰、日寇的侵略與皇軍佔領下的蹂躪，以及內戰所造成的政治與經濟動盪。所有這些變化影響何止成千上萬中國人的生命。至於我母親，她離鄉別井，連根拔起，加入了從內地到香港的難民潮。

當我一家定居香港後，我感到賓至如歸。對我來說，香港是 1930 年代末至 1940 年代初我度過童年的地方，而 1949 年後，香港是我成家立業，攀登社會階梯並事業有成的地方。直到今天，我仍然以身為香港人而自豪。一直以來，我想當然地認為雙親與我的感受相同。

事實並非如此。家父可能認命於他再也回不了上海的事實，因此以香港為家。我母親卻從來沒有。多年以來，直到讀了鴻曾的手稿，我才第一次意識到她一直認為自己是一個遠離家鄉的寄客，而她在香港的家，或者更準確的說，她彈琴的「愔愔室」是一個棲身避難之所。我還發現，這種心態使她深深眷戀著已故的雙親，尤其是她的母親，而這種情感一直是她的詩詞甚至彈琴的中心主題。

我為什麼會這樣說呢？古代文人，許多也是出色的琴家，亂世中會在自己的家鄉或偏遠的村落避世，繼續他們對藝術的追求及保持自

己的生活方式。但是我母親那一代人卻沒有那麼幸運了。他們之所以不能內心安寧，首先是他們必須在這個物質世界中謀生活，更重要的是他們沒有故土可以歸隱。這種內心深處的痛苦是我們這一代人難以感受到的。

當代讀者可能無法完全理解家母何以長期以來都懷有這種感情。沒有鴻曾的工作，連我也無法體會家母的內心狀態。我覺得鴻曾給家母的傳記起了一個很貼切的標題，就是「中國最後一代文人」。是的，家母真的可說是中國最後一代文人少數的倖存者。因此本書不僅僅是一個人的傳記。我敢說，這是一部獨一無二的著作，充分體現了普遍的文人精神，尤其是他們努力地堅守和傳承其寶貴的價值觀。

這些努力是否值得或能否成功？家母的一代人已經處於暮年，但在長年旅居香港期間，她已經讓至少不止一代的年輕人傳習了琴樂。不僅如此，她的人格啟發了所有親近她的人，在自我修養中追求更高境界，並意識到只要有誠意與有恆心，儘管時代變遷，仍然可以保留優良的價值觀。

值得一提的是，中國古代文人，也是著名的琴家嵇康（223-262）寫了一首《琴賦》，頌讚了琴和琴人的獨特地位。詩中以「德」（家母名字中的一個字）和「愔愔」（她的琴室名「愔愔室」）讚美琴

似非巧合。家母還有一個刻了「琴德愔愔」的印章。嵇康作品最後一段的首句是「愔愔琴德」，用這段文字來總結這篇序文，亦屬恰當。最後是家母一位琴友，已故的高羅佩（Robert Hans van Gulik，1910-1967）的英文譯本。鴻曾在書中也有談到他。

愔愔琴德	不可測兮	體清心遠	邈難極兮
良質美手	遇今世兮	紛綸翕響	冠眾藝兮
識音者希	孰能珍兮	能盡雅琴	唯至人兮

Solemn indeed is the virtue of the lute, it cannot be fathomed.

Purity of body and aloofness of heart, difficult indeed it is to attain to these heights.

Good instruments and excellent players, where are those to be found in the present age?

The silk strings resounding in harmony, this music surpasses all other arts.

As those who understand music are few, who can truly treasure this instrument?

Only to the Superior Man is it given completely to understand the elegant lute.

沈鑒治

2006 年 11 月於加里福尼亞州

原著榮序

書名中「literati」與中國的「文人」一詞，雖然語意並不完全匹配——翻譯文字本來就是如此——但仍傳達了詞語的基本含義，指的是這個階層的人在文學藝術受過良好教育，他們在一定程度上是負有社會良知的知識分子。兩千多年來，中國文人都有齊家治國的抱負，往往成為朝廷命官，有些更位高權重，另一些則在當官一段時間後，寧願不再肩負重任，過著俗語所謂「閒雲野鶴」般的生活。中國文人除文學以外，在書法、繪畫和彈琴等高雅藝術以及其他較內斂的武術如舞劍、氣功與坐禪等興趣和成就都出類拔萃。他們還縱情於美酒與圍棋（西方人稱為「Go」的戰略性棋局）。文人可稱為高水平的業餘者、愛好者和行家，從「賴以為生」的意義上，他們雖然並非「專業」的藝術追求者，但卻可以有非凡的成就，作品也足以流傳後世。

我們是否真的走到了文人傳統的盡頭，從而證明書名中稍嫌誇張的「最後」一詞？事實上，由於「literati」和「文人」兩者的含意廣泛，自然難下定論。但可肯定的是：文人的傳統不僅僅是一群人，而是

存在於世世代代，不斷地被刻劃在無數的詩歌、散文和小說裏，描繪在舞台和表演藝術中所創造出一個文人形象和世界。這種文化環境在二十世紀的確終結了，這本傳記所研究的主角——蔡德允，以及極少數像她一樣的人，可真正算得上是這一代最後的文人了。如今，一些富有學問的人仍在傳習高雅藝術，他們可能也是公僕，甚至也像閒雲野鶴。但在這個充斥著市場營銷與企業精神、科學技術與大眾媒體的全球化世界，過往的特定社會文化環境已經蕩然無存，在這個變化神速的自然環境中，野鶴的生存亦已備受威脅。

在講述一個人生故事時，敘事自然會探討上述的文人傳統，以至對中國的歷史、世界史學與音樂史學的詮釋，女性在中國社會中的角色及音樂與詩詞傳統和創作等課題。由於本書是一部傳記和民族誌，在編織故事的過程中，往往涉及歷史、政治、社會和藝術等領域，藉此理解個人心態、判斷與行為如何影響了漫長人生的歷程。但本書對這些問題不作更深入的探討，留待將來研究。

一段跨越超過百年的人生，自然會涉及大量人名與地名。由於它們是以羅馬拼音顯示的漢字，讀者可能會對這些名稱不勝其煩，但是，這些名稱對於理解書中人物，就像綠葉之於紅花般重要，讀者請必具耐心。姓名是遵照中國傳統先姓而後名。

由於本書用上幾種方言，包括國語、粵語和滬語，使羅馬化姓名更加複雜。國語（普通話）的羅馬化姓名使用漢語拼音系統，雙音節名字用一個單詞而不用連接號。粵語的姓名則跟隨個人偏好拼寫，香港習慣將雙音節的名字加上連接號。蔡德允姓名的拼音 Tsar Teh-yun 是依她自己喜好的上海話發音，並按照她自己的拼寫方法。但是 Tsar（蔡）姓在她的家人方面會用 Cai，即同一個字不同拼音的寫法。要留意的是她丈夫沈鴻來，而她老師是沈草農，兩人之間沒有親屬關係。為免混淆，在書中她丈夫稱鴻來（Honglai），而她老師則稱沈氏（Shen）。[1] 1949 年之前，上海有些街道兼有中、英文街名，1949 年以後許多都改為新街名，情況複雜。為了方便懂得閱讀中文的讀者，在本書《索引——詞彙》（Index–Glossary）表中提供了大量中文詞彙。[2]

除了名稱，日期也會引起混淆。二十世紀上半葉，許多中國人的月、日仍用農曆，年份有時也用民國年號。本書的日期盡可能同時列出公曆和農曆。如所引用的原文未說明是哪種曆法，則按引文所寫的月和日。通常農曆日期開始稍遲，兩種曆法之間的差異不超過四到六週，例如農曆新年初一較公曆元旦遲幾週。

縱貫整個手稿，我將本書的主角稱為「蔡氏」（Tsar）。這樣稱呼自己老師很不敬，我的一些中國朋友定會感到驚訝。[3] 但是由於是英語

寫作，因此我會遵循西方學術慣例，大多數都棄用尊稱諸如「老師」或古雅的「Madame」等詞。我敢肯定，蔡老師本人不會因為僅用她的姓氏而怪罪於我。我對她的崇高敬意，會在敘事中表現出來。

在寫書過程中，我對許多朋友和同僚虧欠甚多。其中最重要的是沈鑒治，他與夫人袁經楣從一開始就鼓勵並支持這個記述他母親生平的項目。他至少閱讀了三版手稿，又慷慨地向我提供了事實資料和個人的回憶。我很珍惜與他在不同場合的會面與交流，包括在香港他母親家中、在加里福尼亞州阿瑟頓（Atherton, California）他自己家中，以及有一次在匹茲堡（Pittsburgh）我家中，並以電話和無數電子郵件溝通。我實在有幸得到這些資源來引導我前進，為我補白並幫我糾正錯誤。他親切地寫了一篇序言，我衷心希望本書符合他的稱許。

另外兩位同僚也閱讀了整個手稿，並提出寶貴的建議和批評。弗雷德·李伯曼（Fredric Lieberman）是一位古琴學者與彈琴人，他提出了有關傳統琴學的歷史、社會和演奏問題，難得有這樣背景與洞悉力的人帶出這樣的問題，並以他多年的寫作和編輯經驗為我潤飾文本。約翰·斯皮策（John Spitzer）雖然不是一位中國專家，卻是一位傑出的音樂學家和民族音樂學家，他提供了一些探究性問題，拓展了寫作的廣度與深度。他們提出的問題，挑戰我不得不去圖書

館，深究我的筆記和思考字詞的意思，以得出滿意的答案。對於兩位慷慨付出的時間和心思，我深表謝意。

我面臨的最大挑戰之一是將蔡氏的詩詞翻譯成英文，我初譯本對中文解釋以及英文字詞的選擇得到許多同仁的意見，包括孫筑瑾（Cecile Sun）、劉君若、卞趙如蘭和安德魯·米勒（Andrew M. Miller）。除非另有說明，否則其他所有中文英譯均出自作者手筆。

蔡老師在香港及各地的琴友和學生提供了重要的資料，包括蘇思棣、謝俊仁、沈興順、吳英卉、郭茂基（Georges Goormaghtigh）、葉明媚和艾倫·卡根（Alan Kagan），尤其是劉楚華，她通讀全稿，澄清各種錯誤，並給予批評性的鼓勵和支持。

其他閱讀了部分或全部手稿，或提供了建議和資料的同行計有伊夫林·羅斯基（Evelyn S. Rawski）、林萃青、劉君若、史中一、謝正光和譚汝謙等。我還要感謝香港大學出版社社長科林·戴（Colin L. Day）的支持和責任編輯 Ian Lok 的工作，並感謝被出版社邀請的匿名讀者提供的寶貴意見。在匹茲堡大學文理學研究院（The Dietrich School of Arts & Sciences Graduate Studies）資助下，我得到研究助理林達幫助我校對和編製索引。毋庸置疑，其餘所有缺點和錯誤的責任都由我自負，並不反映我所致謝各位的專業

能力。本書的起點是一篇題為《百齡蔡德允：琴樂、詩詞和書法的一生》（"Tsar Teh-yun at Age 100: A Life of Qin Music, Poetry, and Calligraphy"）的文章，載於由李海倫（Helen Rees）編輯的《中國的音樂人生》（*Lives in Chinese Music*）中，2008 年由伊利諾大學出版社（University of Illinois Press）出版。本書部分章節和段落與該文部分相同，蒙伊利諾大學出版社許可引用。

最後同樣重要的，我要感謝相伴了二十四年生活的伴侶安德魯．米勒，他不僅用審慎的眼光通讀了手稿，還協助解決無數大大小小的寫作問題，時常與我互相就中、英文之間的優劣進行友誼性對話，偶爾也會順道談及他專長的古希臘語和拉丁語。在過程中他不僅使手稿更具可讀性，還使寫作成為一種學習的經歷和樂趣。一個作者能在家中擁有屬於他私人的安德魯相伴確是幸福的。

榮鴻曾

序於 2007 年 8 月

註

1　譯者註：凡用姓為稱謂的翻譯加「氏」，如 Shen 作「沈氏」，Tsar 作「蔡氏」等，餘類推。

2　譯者註：本書英文名詞翻譯一律附英文原詞，這個原著中的（Index–Glossary）表在譯本中已無需應用，因此本書不採。

3　譯者註：原書稱謂按照英文學術寫作慣例，譯本則按照中國傳統慣例，稱謂按實際需要有所變動。

本書榮序

為了譯本出版重讀舊作，重溫當年與老師無數次交談，對老師的音容、氣質、琴藝、人生觀等懷念愈甚。老師唯一的兒子鑒治兄當年提供我第一手資料協助書寫，又為原著寫序，他如今也已仙去，不禁唏噓。猶記當年我是極少數以上海話與老師交談的學生，倍覺親切。我和老師間藕絲般的幾處牽連，冥冥中是否注定我們將會相遇，建立起親密的師生關係？

1907 年老師的父親率全家從浙江湖州遷移上海，隨後老師一家又遷居香港，如此搬遷正如我家父祖輩，也是許多中國家庭在上世紀的上半部因種種原因而離鄉別井，重建家園的經歷相似。但是我和老師間卻又有出乎意料的私人關係，讓我道來。我父親 1930 年代在上海大同大學就讀時，沈鴻來（老師夫婿）當時在那裏任教，我問起父親，他說記得沈鴻來，還上過他的課。老師於 1930 年代在上海允中女子學校任教時，與榮寶仁和袁英結成終生密友。老師和榮、袁都在 1940 年代末 1950 年代初移居香港，在香港時還經常互相走訪。榮寶仁是我祖父的妹妹，而袁英的兒子是我小學、中學和

大學的同窗，我們意趣相投，如今還保持聯絡。芸芸人海，老師與我竟然有如此錯綜交搭的際遇，並不都是完全巧合吧？

十三年前原書出版後，朋友們催呀出中譯本，當年雖也曾作嘗試，但是進度如蝸牛爬樹，終至放棄。大半年前忽接樹志兄有意翻譯，且附上已完成的一章，希望我能同意。我讀來文筆流暢，顯然出自高手，且又是同門琴人，在感激欣喜之餘滿口答應。隨後同門俊仁兄又願意協助審校，如此配搭組合，還有何求？

經過十三年，書中某些資訊已不適用。兩位同門與我商榷後，決定盡量不改動原著內容，只在個別地方以「譯者註」稍作簡單修正或補充，使譯本更為完善，這都是樹志兄的功勞。

喜見中譯本即將出版，十多年心願終將實現，在此衷心感謝樹志、俊仁兩位同門，能讓更多的讀者認識我們的老師。

榮鴻曾

2021 年 9 月

本書黃序

十多年前同門學長榮鴻曾兄贈我其著作老師的傳記《蔡德允傳》
（*The Last of China's Literati–The Music, Poetry, and Life of Tsar Teh-yun*），由於水平有限，要閱讀這部英文學術性作品，對我是一個挑戰，當時為稻粱謀，不及細讀，至今印象不深。去年疫情肆虐，我的琴學文集《細水長流》剛已出版，趁閒決心重讀榮兄大作，以更了解老師一生事蹟。為深入理解文意，不得不邊看邊查字典。細讀之下，才發現榮兄著作對老師生平與她的藝術成就理解之深，就如沈鑒治先生所說：「如此的巨細無遺且具洞悉力」，尤其是對傳統琴學的分析與詮釋，使人更理解一個傳統文人琴家如何安身立命，看待藝術。心想在這個浮躁的年代，如能讓廣大的中文讀者與彈琴人看到此書，一定會產生很大影響。於是嘗試以我有限水平，在毫無經驗之下，邊讀邊翻譯，如不成功，也可當作自學英語。

由去年 4 月開始，到了 11 月全書粗略地翻譯了一遍，但是第十一章所涉及的音樂學諸多專業名詞與術語，以及比較深奧的學術英

語，使我感到十分吃力，於是請教同門學長謝俊仁兄。謝兄在西醫崗位，為了研究琴學，提早退休到香港中文大學取得了音樂學博士，令人欽佩。俊仁兄不但願意幫忙，還全力投入，得到他的協助，我信心大增，於是將我們合作翻譯的意願向鴻曾兄提出，希望得到他的首肯。誰知鴻曾兄一口答應外，還願意審稿與提供資料。在兩位音樂學者的督促下，我唯有迎難而上，加倍努力。將初譯逐章重新細心整理，再給俊仁兄審校，來回往復，他以醫生的精微細心，補我文人的宏觀粗疏，我們合作既認真又愉快。初步定稿後再請鴻曾兄審讀，並得到他的指導與建議，令翻譯更理想與順利。今年 6 月完成初稿。此後再補充一些資料與繼續修飾文辭。本書翻譯原則是盡量忠實反映原著的內容，以保持其學術性。在原著者與譯者的共識下，只以「譯者註」形式補充個別必須的資料；又增加了一些圖片，使蔡老師的生平更富形象地顯現於讀者面前。

《蔡德允傳》作為傳記和民族誌，作者以世界史的眼光，書寫一位中國傳統女性文人藝術家的生平，並分析她琴、書、詩詞藝術的成長背景與成就，以音樂學為工具，輔以社會學、心理學等，深入解構分析她獨特的彈琴風格，對彈琴人來說，這是一個嶄新角度，有別於傳統的琴學視野。蔡老師超過一個世紀的人生，處於中國最為紛亂與苦難的時代，經歷了傳統價值的分崩離析，從人與人之間的關係以至對待藝術的態度，都有翻天覆地的改變。作者要從清末以

來改朝換代、戰亂頻繁、社會變遷的背景，敘述傳主在漂泊流離的過程中，如何適應與自處，並取得成就；又要從宋代以來文人以吟詠與彈琴懷念遠方故鄉，對比傳主與千百年前的知音心靈相通；更要從春秋時代傳主祖先的遷徙連接近代蔡氏家族的搬遷。作者以獨到的眼光探討蔡老師作為一位女兒、妻子、媳婦、母親、女教師、女學生，以至一位女性藝術家，在這個既傳統又變革的時代，在男性主導的社會中如何自處，並以一種泰然平靜的態度，對自己人生觀及藝術觀的擇善固執，不因外在因素而動搖自己的價值與原則。

原著主要對象是英語讀者，基本是外國人，書中除了要翻譯大量老師的詩詞，並要把傳統包括冷僻琴學的中國藝術歷史與哲學觀念以英語表達，令外國讀者理解明瞭，談何容易！這些琴學觀念與知識對有傳統藝術根底的讀者或彈琴人來說，或非難事，但卻可以讓一般讀者或年輕一代彈琴人更容易理解傳統琴學的觀念與知識，書中分析了琴學如何從傳統的文人修身養性之器轉變到現在作為表演謀利之具，從彈琴的哲學觀念、傳授方式、彈奏形式、樂器改變（主要是琴絃）等等，認識到一個傳統業餘文人琴家與現代以表演為業的專業琴家的區別，從而讓新一代琴人可以思考與回歸傳統琴學的途徑。本書的著者與譯者都是老師門人，翻譯此書，倍感親切。當年老師的教誨及與她相處情景，如在眼前。

老師從患在好為人師到願意擔任新亞國樂會古琴導師，似非偶然。她與新亞書院素有淵源，認同新亞提倡中國文化，注重禮樂人生的宗旨。新亞是一家培養負有傳統士人精神知識分子的大專學校，與老師的文人精神契合。新亞書院和後來的香港中文大學成為她的擇才之所，她的學生大部分都來自於此。[1] 所以學生都能繼承她的人格與琴風，形成了香港本土琴學風格，這種與內地 1970 年代以來截然不同的琴風，直接傳承自中國的傳統文人精神。[2] 老師逝世後的十餘年間，在門人的推廣與宣揚下，隨著內地官方回歸中國傳統文化政策，老師傳承下來的琴學普遍受到年青一代琴人認同，用絲絃彈琴已經重新普及內地。禮失求諸野，老師在香港守成的傳統藝術文化，回歸返哺中原，意義非凡。我曾在老師的追思會上代表門人發言，回顧了老師的琴學成就：「一、老師嚴擇門生，所收弟子多是有學問有才德之人，故學生多能獨當一面，在琴學方面各有成就，在琴界備受尊重。老師這種成就，在琴史上也並不多見，這是她足以自豪的地方。

「二、老師教學嚴謹，口授心傳，對學生德、藝並授，發揚傳統師道。凡老師的學生，無一不如沐春風，受益終身。

「三、老師於琴學兼收並蓄，無門戶之見，融匯於《愔愔室琴譜》之中，以個人氣質與學養，自成風格，在香港本土形成了秉承傳統

琴學，與內地琴風截然不同的另一流派，可謂開宗立派，在琴學與琴史上地位無庸置疑。

「四、老師一生所處的一整個世紀，正是中國文化極受衝擊的年代；她身處南方島嶼，避過近代文化浩劫與干擾。在中國文化敗落風潮下，謹守傳統，使傳統琴風得以一脈相承，可謂繼絕存亡，對中國文化的承傳，意義重大。

「五、老師一生淡泊名利，為人低調，謹守本分，就像彈琴最高境界的『清、微、淡、遠』，但所發揮出來的力量與影響，可謂至大至剛。她的琴學風格，已經體現在眾多門人之中；此後對琴學發展，肯定會繼續發生影響。」[3]

本書由翻譯至出版，首先要感謝學長榮鴻曾兄，蒙他信任，授權翻譯，並加以指導與審讀，提供資料，又代聯繫出版社，得原作者支持，才能更加理想地順利完成翻譯與出版；其次感謝學長謝俊仁兄，得到他無私參與，審校全書，他細心嚴謹的態度，有時為了一詞半字，往來討論，多番推敲，直到大家同意為止，精神令人敬佩；還要感謝沈鑒治夫人袁經楣女史的鼓勵與幫忙，並授權應用蔡老師早年的照片；譚汝謙先生提供資料，解我疑竇；琴友潘德鄰醫生授權應用他拍攝的照片，以及溫哥華吳大品先生一直以來的關心

與幫忙；此外香港三聯的李安女士及李毓琪女士，蒙她們幫忙，推薦此書出版，在出版過程中，解決諸多困難，編輯劉穎琳女士，核對典籍與查證資料，潤飾文稿，細心又認真，在此一一感謝她們；又同門學長郭茂基、劉楚華、蘇思棣和黃繼昌等的支持與幫忙，並提供及授權應用照片，尤其楚華與思棣兩位學長幫忙翻查照片，出力尤多；德愔琴社釋放蔡老師詩詞的版權等，都要表達衷心感謝。最後也是同門的內子梁麗雲，在疫情之下，日常生活照顧無微不至，不在話下，翻譯期間討論內文，修辭校對，全程參與，她雖不肯具名，卻功不可沒。

黃樹志

2021 年 9 月 5 日於溫哥華

註

1　參見〈二十世紀香港琴學之發軔與傳承〉，載黃樹志著《細水長流——黃樹志琴學論集》頁 20-30，香港：恕之齋文化有限公司，2019 年 9 月。

2　參見黃樹志《蔡德允與香港本土琴學》，發表於「紀念蔡德允老師逝世十週年」演講會，2017 年 12 月 8 日，香港太空館演講廳。

3　見〈悼念蔡德允老師〉，載黃樹志著《細水長流——黃樹志琴學論集》頁 39-40，香港：恕之齋文化有限公司，2019 年 9 月。

本書謝序

很榮幸獲樹志兄邀請參與這翻譯計劃。在整個過程，我戰戰兢兢。首先，雖然我有過些翻譯經驗，但我不是翻譯專業。其次，鴻曾兄原著的文筆極好，翻譯具挑戰，樹志兄的中文根基很紮實，我學習良多。更重要的，這書的主角是我最敬重的蔡德允老師。

有關我跟蔡老師學琴，我於 2016 年出版的論文與曲譜集《審律尋幽》的自序曾說：「我跟蔡老師學琴，已是三十年前［1985 年］的事。回想起來，得到老師八十高齡還肯收我為徒，實在非常幸運。在那學琴階段，每到老師處，便是一種享受。琴音流逝，餘韻寂杳，繞樑的，是那寧靜豁達的境界，三十年後，這仍會在我心坎裏迴響。

「蔡老師並非我的啟蒙老師，我跟蔡老師學琴時，已能彈奏不少曲子，但作為初生之犢，技巧上和樂曲處理上都有很多缺點。我從蔡老師處學到的，卻不單是如何改進這些問題。更重要的，是老師給予我全面的音樂感受。

「我跟蔡老師學琴之前，總以為音樂感受全是來自聽覺。不過，在老師的幽居內，那如沐春風的感覺，卻不純是由琴音誘發出來的。老師的儀容和談吐，散溢出溫文儒雅的氣質，令琴室的寧靜，綠茶的清香，都化成禪意，滌淨了心境。學習開始，我彈得好時老師的一個微笑，彈得不好時的一句提示，令我漸漸領略到文人藝術的境界。如是，《平沙》的澹遠，《漁樵》的睿智，《瀟湘》的磅礴，便在不覺中體悟。

「老師音樂的另一特點，是其包容性。我學琴時並沒有完全摹仿老師，而總是在掌握琴曲的指法、節拍和韻味後，便加上自己的處理，希望將我所理解的曲意再自我發揮。所以，我的彈奏跟老師的處理常有細緻上的差別，但老師並沒有介意，有時還加以讚賞。就是這個『不介意』，催化了老師不同學生發展出不同的個性，但在不同中又有共通的蔡老師精神。蔡老師更『不介意』我嘗試突破傳統，鼓勵我創作新曲，在傳統的根基上開拓新領域。在此，我再向蔡老師深深致敬。」

今次的翻譯過程，讓我重溫了那多年前所體悟的全面音樂感受，鴻曾兄在書中的描述，亦引證了我的體會。鴻曾兄指出了蔡老師對琴藝的擇善固執，並不理會她週遭的琴樂世界的變化，我十分同意，蔡老師不計名利，一生追求她鍾情的藝術，始終不渝。不過，我想

補充的是，蔡老師擇善固執的同時，她對藝術的取態亦具包容性的。上文已提及老師不介意我沒有完全摹仿她，而加上自己的處理，也鼓勵我嘗試突破傳統，創作新曲。當我翻譯到書中有關「對彈」的章節，我回想到，雖然蔡老師以「對彈」為主要教學方式，但我很多時候要求不作「對彈」，而只靜聽老師彈奏，以便我掌握樂曲的感覺，以及記下彈奏的細節，蔡老師亦樂意如此。翻譯到有關絲絃的章節時，我回想到，雖然蔡老師只用絲絃，我則絲絃與鋼絃都用，但老師並不介意，更囑咐我，來探望她時把我的鋼絃琴帶來，以便為她彈奏我創作的新曲。整體來說，我是個不太聽話的學生，卻多次得到蔡老師私下的肯定。當然，這些肯定的原意是鼓勵，但也顯示了蔡老師的包容。在現今多元的社會，古琴文化需要擇善固執的同時，亦需要有這包容性。

蔡老師音容宛在，令人感到人生無常。我已年過七十，我希望在餘生仍能發熱之年，繼續推廣古琴文化。我不是希望香港興起如內地一些大城市般的「古琴熱」，而是希望古琴藝術的生命能夠以傳統精緻文化的身份繼續延伸下去。參與這翻譯計劃，亦可算是這願望的一個極具意義的部分。

謝俊仁

2021 年 8 月 27 日

目錄

第一章 · 瀟湘水雲

蔡德允在她人生的下半個世紀瀰漫著流亡者
的鄉愁，這種情感她雖然少有提及，卻屢屢
在詩詞與琴曲如《瀟湘水雲》中淋漓盡致地
表達出來，生動地見證了在中國悠長的歷史
中，她與無數「知音」們共有的情感。

瀟湘雲水闊　愁似波千疊

何日好還鄉　故人情意長

——蔡德允，1962[1]

1966 年，美國著名民族音樂學家、田野錄音師約翰‧列維（John Levy）為尋求地道的民間音樂訪問中國，他路經香港，這個當年還是受英國的殖民統治，卻仍浸淫著中國文化的地方找到了蔡德允，請求讓他錄製她的琴樂。蔡氏選彈了一首十三世紀的琴曲《瀟湘水雲》。在以後的日子裏，蔡德允的學生領會到這是她深愛的曲目，只傳授入室弟子，作為琴課的最後一曲，從此就「畢業」要離開她的課堂了。

《瀟湘水雲》是一首難度很高、結構複雜的作品，在琴人中久負盛名。雖然樂曲屬於標題音樂，某種程度上描繪了曲題的景象，但它更體現了中國文人文化史中最普遍的主題之一：醒覺和愛國的知識分子在他們生活的社會面對著道德淪喪、朝政腐敗的無奈和絕望而痛心疾首。他們寧可選擇一條被社會認可的出路：避世歸隱到純美的大自然之中，遠離亂世的社會和俗世的權謀。

這首琴曲由出生於南宋（1127-1279）永嘉年間的著名琴家郭楚望所創作。郭氏確實年份已不可考，只知他活躍於這個朝代最後的二十年，一個藝術的輝煌時期：無論詩詞、書法、繪畫、瓷器、戲曲和音樂的創作都達到了新高峰，成就無與倫比。然而，與前朝北

宋（960-1127）一樣，無論政治和軍事都是中國悠長歷史中最弱的朝代之一。幾百年來，朝廷對外不得不忍受來自北方的侵略者遼、金和蒙古迫在眉睫的威脅，內部則受到無能的領導和腐敗的官僚所困擾。對時勢徹底幻滅和黯淡未來的憂慮，郭氏創作了《瀟湘水雲》以表達他的憂心與絕望，以及回歸純樸大自然的願望。

此曲現存最早的譜本載於 1425 年所出版三卷的《神奇秘譜》，編者朱權在此曲的序言寫道：「是曲者，楚望先生郭沔所製。先生永嘉人，每欲望九嶷為瀟湘之雲所蔽，以寓惓惓之意也。然水雲之為曲，有悠揚自得之趣。水光雲影之興，更有滿頭風雨，一簑江表，扁舟五湖之志。」九嶷山常被雲霧所籠罩，隱喻了貪腐敗壞的政治綱紀。朱權詩歌般的描述，彰顯了郭楚望對時局的「惓惓之意」。幾個世紀以來，琴人對隱喻解釋為：九嶷山原本清晰的景象代表驅逐當時佔領北方的「蠻夷」侵略者，收復了失地；而「雲霧」的模糊景象，則代表以時任宰相賈似道為首，軟弱無能而腐敗的官員姑息了敵人的局勢。[2]

然而，《瀟湘水雲》也表達了南宋時期瀰漫著一種更為個人的情感，這種情感就如上述蔡德允詩句所表達的一樣：流亡者的鄉愁。中華文明自古就發源於北方。自公元前 221 年「始」皇帝嬴政統一了眾多諸侯國，建立了秦朝，其後的一千多年，最高權力和優秀文化中心一直位處黃河下游流域。後世稱該地區為「華北」，相對於長江流域及其南延一帶則稱為「華南」。

960 年宋朝剛建立時，其統治範圍遍及南北，首都設在黃河南岸的開封。由於軍事實力薄弱，宋朝不斷受到北方游牧民族的威脅，首先是東北的契丹人（後自稱遼國）、其次是西北的党項人（後自稱夏國）、最後是更東北方的滿洲女真人（後自稱金國）。1126 年，金國首先吞併了遼國，然後攻陷了宋朝首都開封，並把宋帝及大部分王室成員俘虜。宋朝南撤到長江流域，在今天杭州建立了新的都城臨安，主要以綏靖政策和稱臣進貢以抵擋金國侵略者的進犯。因此王朝的後期，即從 1127 至 1279 年之間一般稱為南宋，而之前的960 至 1127 年間，後世稱為北宋。

南宋雖然表面相對穩定繁榮，又有光輝的文學藝術成就，但卻是一個民族恥辱和傷痛的時代，尤其許多在朝廷擔任高官的文人，他們這種感覺的產生不僅是因為北宋的末代皇帝成為敵人階下囚，還因朝廷被逐出自古以來就被視為中華文明的搖籃和中心。許多文人以詩詞為媒介，表達他們對祖先故土淪為「蠻夷」統治下的一股痛惜與思念情懷。其中最著名的莫如辛棄疾（號稼軒，1140-1207）。他遺下了大量詩詞，其中很多都隱含了這種情感。在他駐紮江西時寫了一闋詞《菩薩蠻·書江西造口壁》，[3] 有句如下：「西北望長安，可憐無數山。」另一位詩人劉辰翁（號須溪，1232-1297），在《春感》一詞（詞牌《柳梢青》）中寫到：「那堪獨坐青燈。想故國、高臺明月。」另一闋由陸游（號放翁，1125-1210）寫的詞《訴衷情·當年萬里覓封侯》，全文如下：

當年萬里覓封侯　匹馬戍梁州

關河夢斷何處　塵暗舊貂裘

胡未滅　鬢先秋　淚空流

此生誰料　心在天山　身老滄州

毫無疑問，這種思念與痛惜之情就是朱權所指郭楚望「惓惓之意」的一部分。查阜西（1895-1976）曾寫道，《瀟湘水雲》中所表達的情感，傳統解釋是「眷懷故國」或「身南心北」。[4]

蔡德允在上海長大。1950 年，四十五歲的她與丈夫和年輕的兒子，像一些受過良好教育及很多富裕的上海人一樣移居到香港，以逃避他們所不認同的當時新政府統治手法。幾年後她回到上海探望母親，那次短暫而創傷的旅程，使她確信永遠再也回不到那幾乎所有的親朋戚友所在的故鄉。她痛惜和思念可望而不可即的北方故鄉，與南宋時期的郭楚望、辛棄疾、劉辰翁、陸游等人是多麼的相似。郭楚望的《瀟湘水雲》是她深愛的琴曲，在她的詩詞中常常提及——包括本章開頭引用的詩句，這絕非偶然。因為琴曲不僅反映了她的感受，而且將她與生活在近乎千年以前的詩友聯繫起來。

2006 年，一百零一歲的蔡德允是公認最受敬仰的在世大琴家。與她同輩和稍前或稍後的二十世紀著名琴家如管平湖（1897-1967）、查阜西、沈草農（1891-1973）、劉少椿、張子謙（1899-1991）、吳景略（1907-1987）、衛仲樂（1908-1997）、楊新倫、俞紹澤、姚丙炎、吳兆基和吳宗漢等，都在上世紀末一一作古了。年輕一、兩代而備受稱譽的琴家不遠千里而來，叩門求見，向她表達敬意，並通

圖片 1｜蔡德允窩打老道山樂園家居閱讀，2000 年。

過彈奏一、兩曲來期望得到她的肯定。近年來訪者包括吳釗、鄭珉中、龔一、林友仁、李祥霆、吳文光、曾成偉、成公亮、姚公白和戴曉蓮等。而過去五十年間她在香港教過的許多學生也如常絡繹到來探望。

傳統對長者的尊敬無疑令她在琴界的地位更加崇高。她的仰慕者對她崇敬的另外兩個因素也同樣重要，就是她的整體文學藝術修養以及品格和人生哲學，兩者在琴人中已經越來越罕見，並直接影響了

她的音樂藝術。

蔡德允在一個優渥的環境中長大。她的父母，尤其是母親、叔叔與舅舅、兩位兄長和一些學校老師在她的青少年時代都擔當了關鍵性角色，使她得以接觸並培養傳統文人藝術，包括詩詞、書法和繪畫。這在她的同輩琴家已屬難得，至於她的晚輩更加難以享有這樣豐厚的機會。她的書法和詩詞在晚年一直不斷地受人欣賞與推崇。琴友之間都讚嘆她優越的經歷，並肯定這些藝術對她琴藝的影響。

蔡德允謙遜的個性和高尚的人生及藝術觀顯然與她的教養和文藝成就有關。比如她一直迴避公開演奏和錄音；她最初並不願意教琴，這不止是她認為自己還達不到可以教人的地步，她還以患在好為人師為戒。她一生在彈琴與文學藝術上的活動都主動極力避免涉及名利，認為這樣的活動會有失身份，而且與藝術不配。換言之，她體現了業餘藝術家最純粹的崇高理想——從事藝術沒有其他目的，只為了自己的樂趣，並對藝術作為身體力行的致敬。在重商主義的年代，她的琴友對她這種罕有的品格感到肅然起敬。他們還深信這種哲理深深影響了她的音樂。

琴與琴樂在中國音樂文化中許多方面都是獨一無二的。[5] 根據考古和文學證據，這種樂器有悠久而不間斷的歷史，至少跨越兩千年。雖然世界上有許多很古老的樂器，但少有可以號稱如琴般連綿不斷的傳統，這種連續性凸顯了它的保守特質。直到上個世紀，琴的演奏一直保留著許多古老的傳統，包括曲目、記譜法、彈奏方式、審

美觀念和社交境況等。

琴樂向來與中國少數文人精英階層關係緊密並獨有，且深刻地象徵著這個社會階層的高雅品味。由於它在諸如說唱和戲曲等通俗表演中作為文人的象徵而常常出現，因此一般群眾大部分都聽過琴的名稱。琴也是繪畫的一個常見主題，描繪一位高士在寧靜高曠的大自然中撫琴沉思，或在深山幽徑漫步時，書僮抱琴跟在他後面。但直至近代，絕大多數中國人幾乎沒有機會聽到這種音樂。

悠長的歷史為琴及其音樂累積了豐富的知識內涵。樂器的各部位和許多指法都具有象徵意義，大量曲目都承載著音樂以外的內容。象徵和內涵都與中國的歷史、神話、傳說、哲理和宗教有關，尤其是經由文人所孕育和傳承的知識。因此，連同詩詞、書法和繪畫，琴及其音樂成為中國高雅文化的縮影。

歷代琴家學者的大量著作涉及了琴器、琴曲、指法技巧以至其內涵和哲學。今天用於彈奏的記譜法最遲在十二世紀就建立起來，至今基本保持不變。[6] 這種相對穩定的琴譜使現代琴家可以彈奏多個世紀以前寫下的樂章。現存不同譜本的琴曲共超過三千首，其中大部分來自最近五個半世紀。

琴曾被用作雅樂合奏的一部分，又作為優雅詩歌的伴奏。但它最突出的角色一向都是作為獨奏樂器。雖然琴人偶爾也會彼此交流彈奏，這種音樂通常不為觀眾演出，而是作為彈琴人自己的修身與自

娛。琴家主要是「非職業的」愛好者，即是他們並不依靠表演為生，也不需要迎合付費觀眾的口味。這種業餘私人的演奏方式在塑造琴的許多美學原則和音樂特徵起了關鍵性作用。

琴樂結構複雜，審美精緻而含蓄。琴音極度寧靜，需要安靜的環境以及演奏者和聽眾（如果有的話）的全神貫注。它需要敏銳而熟練的耳朵來欣賞其細小範圍內變化多端的音色和音量。這些變化是由指法的微細差異所產生。大多數琴曲都有琴音以外的曲意，內容都與中國歷史、哲學和宗教有關，這又成為彈琴人與聽琴人的另一挑戰。

琴的傳統特徵關係到一個事實，就是千百年來它一直迎合文人所好，亦受文人——這個因擔任朝廷官員而擁有巨大的權力、豐厚的財富並享有崇高地位的精英階層的培養。只要這一階層的地位保持不變，琴的傳統及其特性就得以持續。儘管中國歷史在過去的二千五百年裏動盪不安，朝代興衰，但文人的權力和威信實質上維持不變。因此琴的傳統也歷久不衰，直到近代。

十九世紀末以至二十世紀的大部分時間，中國的政治、社會和經濟結構發生了翻天覆地的變化。更有甚者，上個世紀中國的科學技術經歷了突飛猛進的發展、大眾媒體和全球化通訊的迅速擴散、西方思潮大規模的傳入、市場經濟主導地位的日益提高以及中產階級的崛起。隨著 1911 年末代皇朝的殞落，文人階層也隨之而瓦解與失勢。結果經歷了兩千年的琴的傳統注定同樣衰落。

毫不為怪，從神話人物伯牙到二十世紀的大琴家管平湖，歷史、傳說或小說中記載的絕大多數著名琴家都是男性。極其例外的是二世紀的蔡琰（蔡文姬，177-？），以及十八世紀著名小說《紅樓夢》中的女主角林黛玉。[7] 成立於 1936 年著名的今虞琴社，其二百二十四位社員名錄中只有二十四位女性，其中還包括了因為她們是男社員的配偶。故此令人驚訝的是，當今最受尊崇的琴家竟然是一位女性，就是蔡德允。

蔡德允出生於中國末代皇朝的沒落時期。她經歷了幾乎整個二十世紀，而今進入了二十一世紀。目睹期間世界科學技術和大眾傳媒的空前進步。見證了中國的劇變，從清朝覆亡、軍閥間的內戰、共產黨的崛起、日本的侵略和最終投降、中華人民共和國的成立、閉關鎖國、無數次政治運動並以「文化大革命」告終，最後是最近二十年的市場經濟發展，隨著政治和經濟影響力的提升將中國推向世界舞台。1949 年以後，台灣島的國民政府和受英國殖民統治的香港的經濟實力不斷增強，並享有穩定的政治環境，卻導致中華民族的分裂，至今仍是國內和國際局勢緊張的一個根源。政治、社會和經濟的劇變也帶來了生活方式和藝術追求的巨大變化。如果有人從 1905 年穿越到 2005 年，他將會完全迷失於今天人們的生活方式、把持的價值體系以至急速的生活節奏。

蔡德允成長於一個學識淵博、生活富裕、品味高雅的優渥傳統家庭，為她日後生活在一個文人世界中奠定了良好基礎。文人世界有一個悠久的傳統稱為「雅集」，至少可以上溯兩千年。在中國帝王

時代，悠閒的男性，偶爾也有女性在雅集聚會，一起為詩詞、繪畫、書法和彈琴等高雅藝術耕耘。二十世紀初，享有特權的文人階層及其生活方式基本上隨著皇朝的滅亡而消失了。然而，在 1930至 1940 年代的上海，和後來 1950 至 1960 年代的香港，蔡德允和她的友儕們堅持繼續這些高雅藝術遺事。那時候，他們大多數不再屬於特權有閒階級，而是從事專業工作的人。一百零一歲的蔡德允是這項遺產碩果僅存的代表。她的生活方式和藝術追求可以視為一小撮中國人的文化見證，他們在上個世紀一直維持著一種今天我們大多數人只能在書本上看到的傳統。人們可以通過她而感受連繫到一種不太可能再現，在中國社會和文化歷史中已經失落的部分。

蔡德允還有另一特別之處，在於她是一個在男性主導世界中的女性。從許多事蹟中可以看出，她作為一位女兒、一位妻子和一位母親，更廣泛的是一位婦女的位置，大大影響了她的個人生活、她所面臨的挑戰和她所尋找的解決方法。在公眾、專業和社交生活中，她通常是一群男性中唯一的女性。在這樣的處境中她要駕馭自己的道路並不容易。一樁故事足以作為例證：一位著名琴家曾經對她的演奏表示欽佩，但隨即向她表明，他對她如此的重視僅是因為她是一位女性。

蔡德允生活和工作的故事也就是彈琴傳統和二十世紀中國雅集活動的故事。作為一名藝術家和一名女性，蔡氏的自我考驗和個人成就揭示了當代中國社會文化的生活片段。在更廣泛的歷史背景下，她的朋友圈可以被視為千百年來支配中國政治和精英文化的最後一代

文人。蔡德允在她人生的下半個世紀瀰漫著流亡者的鄉愁，這種情感她雖然少有提及，卻屢屢在詩詞與琴曲如《瀟湘水雲》中淋漓盡致地表達出來，生動地見證了在中國悠長的歷史中，她與無數「知音」們共有的情感。最重要的是，這是一個具啟發性的非凡個人故事。

註

1 這四行詩句是蔡德允所寫《菩薩蠻──三月初三日與饒君偕往平山盧君家彈琴歸後》詞的後半闋，全首見第十二章。

2 參見查阜西〈關於《瀟湘水雲》〉（1956），載查阜西《查阜西琴學文萃》頁 431-433；吳景略、吳文光《虞山吳氏琴譜》頁 6。

3 詞原來是為演唱而作，預先就具有曲調的詞牌。一首詞的句子結構，包括句子長短和句子模式、押韻方式及單字的平仄，必須符合所寫曲調的音樂結構。到了宋代，詞的演唱功能基本已經消失，詞主要成為文學創作以供誦讀。然而詞的句子結構仍然保留，詞題置於原來韻文形式的詞牌之後。音調的音樂特徵則喪失了。

4 參見查阜西〈關於《瀟湘水雲》〉（1956），載查阜西《查阜西琴學文萃》頁 431。

5 琴亦稱古琴，在西方通常稱為 seven-string zither。

6 此記譜法的前身出現於六世紀。現還有一首作品存世。參見許健《琴史初編》頁 42。

7 《紅樓夢》在西方已經出版了幾種英文譯本，書名分別翻譯為 Dream of the Red Chamber、A Dream of Red Mansions 和 The Story of the Stone。

第二章・初訪蔡德允老師

這些年來，我漸漸意識到我從蔡老師學到的
不止彈琴，因為琴不僅是一種樂器，而彈琴
也不僅是彈奏音樂。

我第一次和蔡德允老師見面，是 1978 年秋天剛到香港中文大學任教的時候。9 月份我從美國抵港不久，便與當年正好也到中文大學訪問的卞趙如蘭教授一起拜訪了蔡老師。[1] 我們表示想跟她學彈琴，她欣然同意收我們為徒，安排每週給我們上課。由於卞教授要回到美國去，所以她只上了幾個月的課。我繼續琴課直到 1980 年 12 月離開香港，到美國匹茲堡大學（University of Pittsburgh）任教為止。由於天氣炎熱，1979 和 1980 年兩個夏天，蔡老師都照例停課。[2]

當時，蔡老師和丈夫住在香港島北角區的主道——英皇道——一套位於三樓（在英國和香港習慣稱為「二樓」）的普通公寓。踏進她的房子，就像進入了另一個世界，儘管外面車水馬龍，熙熙攘攘，但裏面卻格外寧靜。客廳裏最顯眼的是一張琴桌，上面相對放著兩張她教學用的琴。一張名為「虎嘯」，是她的自用琴，此後的幾十年裏，這張琴成為我的老朋友。還有一張是供學生用的無名琴。另一角落是她的書案，上面放了硯、墨和一個圓竹筆筒，裏面插著大大小小的毛筆，就像一瓶花似的，旁邊還放了一卷一卷的宣紙。三面牆上分別掛著她的畫友周士心的沒骨水墨牡丹圖、著名學者饒宗頤（生於 1917 年）的古篆書法，和她用優美書法自書的琴室銘文《愔愔室銘》，內容如下：

愔愔室余琴書自娛之所也
屢經離亂　未嘗廢焉　雖得失聚散　飽歷悲歡
身心交瘁　而持此斗室　以容吾膝　以維吾心
以遣吾生　以寄吾情　蒐裘云呼哉 [3]

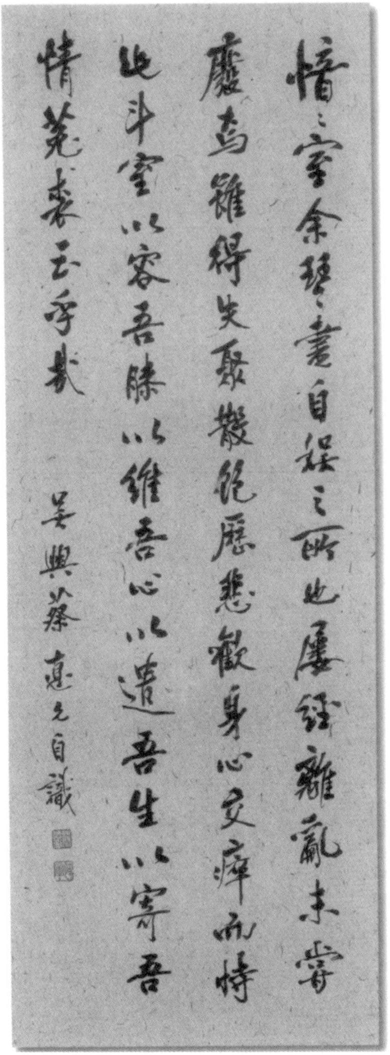

圖片 2｜蔡德允自書《惝惝室銘》。

多年以來，這房子與她的其他「棲身避難」之所曾被學生們所津津樂道。1968 年開始跟她學琴的屈志仁，在 2000 年回憶起自己上課時寫道：「北角大廈室內的恬靜和外間的喧鬧，於我而言，也是記憶猶新。這情景令人不禁想起陶淵明的詩句：『心遠地自偏』。但是愔愔琴室內的寧靜，不只是老師個人內在的心態，而是處身於琴室內的弟子也可以感受到的，這種感染力已足以帶人進入另一境界。雖未學琴，已有收穫。」[4]

另一位同門劉楚華描述了 1973 年，她第一次跟蔡老師學習時的情況：「愔愔室窗外，是英皇道的公共汽車站和電車軌，馬路的對面是北角消防局，喧噪中，愔愔室儼然一片淨土，每一個學琴的下午都是寧靜愉悅、令人難忘的學習經驗。直到如今，我所記得的琴曲，時常有救火車響號的伴奏」。[5]

又一位同門郭茂基（Georges Goormaghtigh）回憶起他 1973 年春首次拜訪蔡老師時道：「我們三人前往紅磡碼頭乘渡輪到北角。靠岸後我們穿過繁忙的街道，走向古老雙層電車行駛的英皇道。再往前幾公尺，在排著一行小商店和攤檔的人行道上，我們溜進一個陰暗的入口，見到有一些燒獻給門神的冥鏹祭品。一部舊電梯將我們帶上二樓，就像全香港一樣，門口都有一扇防盜鐵門。我們按了門鈴。沈太太（蔡老師）現身門後，就讓我們進去。她和藹可親、彬彬有禮，已經六十開外（當時六十八歲），但看上去更年輕。她很高興見到我們，即使未準備馬上給我的朋友上琴課，卻實實在在為我們彈了一曲。雖然車輛來往的嘈雜聲令我幾乎聽不見琴音，直到

圖片 3｜蔡德允攝於愔愔室，1970 年代。

今天，我仍然清楚地記得這聲音給我留下的印象。那種細緻優雅而有力的聲音馬上深深把我吸引住。當天我們就問她可否收我們為學生。她答應了，不久之後琴課就開始了。」[6]

1980 年 12 月，我需趕赴匹茲堡大學上任，蔡老師的琴課正式結束。但是以後幾年我每年至少回香港一次做研究工作，並探望雙親。每次到來大概逗留一週以至一個月，必定去探訪蔡老師，和

她一起彈琴。1984 年丈夫去世後，她的公子沈鑒治於 1986 年從東京搬回香港，出任香港《信報財經新聞》（*Hong Kong Economic Journal*）總編輯，這是香港一份享負盛名的中文日報。老師與鑒治及其太太袁經楣一起搬到香港島東端半山雲景道一棟大廈的頂層公寓，這裏可以俯瞰海港對岸的舊啟德機場。1996 年沈鑒治夫婦退休定居美國加里福尼亞州，但是老師寧願留在香港，搬進香港島對面九龍區窩打老道山她自己的房子，也是一套頂層公寓。雖然房子各不一樣，但仍然是她自己的「安身避難」之所——愔愔室。琴桌、書案和掛在牆上的書畫依舊。1996 至 2002 年間，我到香港大學任教，在香港逗留較長的時間，經常去探望老師。

1978 年我第一次與蔡老師見面時，她已經七十三歲了，但看上去年紀不過五十。頭髮幾乎不見花白，一舉手一投足都不顯老態。她談吐溫文，眉清目秀，舉止優雅。目光炯炯有神，笑容可掬，機智敏銳而幽默風趣。當彈琴時，她搖身一變，恍若矛盾的化身，坐姿穩重，幾乎沒有多餘動作，神態自若，沒有感情外露。相比之下，她雙手敏捷而靈活，飛馳地來回往復、或游動、或抬舉、或按打、或靜止。由琴散發出來的樂曲生動活潑、節奏細緻多變，就像她雙手動作的伸延，她彈琴的雙手卻反過來已經成為她存在的本質，是她活力與精神的體現。

郭茂基詩意般描述她的雙手道：「我們怎能不描述蔡老師的手呢？彈琴時她身體紋絲不動。充滿自然活力的雙手又大又飽滿，無須使勁卻無所不及；往復自如，自由自在，毫不著意，手勢與眾不同。

圖片 4 | 蔡老師的授琴風采，攝於北角大廈老師家中，1985 年。

就如完美的禮儀般優雅，又如纖細的芭蕾舞步，毫不彆扭：用心於每個細節，習慣成自然，這種慣性比直覺更為實在。她雙手彷彿時會發出內在的光芒，由姿勢與力量所驅使，實在迷人。力量並非單純肌肉的本能，而是源於一種毫不動搖的決心，一種暢順無阻，放任不羈的手勢使音樂毫不造作。」[7]

這些年來，我漸漸意識到我從蔡老師學到的不止彈琴，因為琴不僅

是一種樂器，而彈琴也不僅是彈奏音樂。經過兩千年以上連續不斷的演奏實踐，留下了大量理論和美學著作，以獨一無二的記譜法保存了數以百計的曲目，大量神話和傳說通過文字以及通俗口頭文學廣為流傳。琴與琴樂在悠久的歷史中發展出彈琴人一套獨特的哲理與修身規範。學彈琴是學習這套哲理的其中一部分。這點在跟蔡老師學習時顯而易見。她於彈琴和教學、談論音樂和生活、待人接物以至善待學生——在在都有別於其他音樂和教學。與她週復一週的見面，從中學到的做人和生活哲學，遠遠超過了學彈琴。郭茂基總結道：「她開啟了我現實的另一面，若果『道德』與『精神』兩詞在此適用的話，或許還要加上一句『尊重生活』。」[8]

蔡老師答應教我彈琴之後，從未提及金錢或學費。不言而喻，她教我不是因為期望得到金錢或其他回報，而是因為喜歡我，並且認為我有潛力成為一名琴人，更重要的是成為一位朋友。她待我從來沒有如師生般。相反地卻明確表示，我們之間是對琴樂和生活有共同興趣的好友。

雖然每週上課都會彈琴論樂，但無可避免也涉及藝術和日常生活的方方面面。在學習時對音樂及種種話題的閒談中，我逐漸理解她對琴樂的見解：它是什麼，它象徵什麼，琴樂對她和社會的意義，以及她與其他琴人、知音和一般人如何互動。起初認識老師時，我已經讀過琴的演奏、美學、社會學以及哲學相關的歷史和著作，但這些於我只是空話。幾年後，我才意識到她對我的影響之大，不止作為一名琴人，她於我還是一個如何生活、做人和待人的榜樣。

另一位同門葉明媚寫道:「蔡師彈琴教琴,除了着眼於技巧的精進外,最注重的還是人格的提昇與道德的修養。蔡師常常教導我們說彈琴是彈不出富貴的,但卻可怡情養性,培養人高貴的情操。蔡師有時甚至還會謔笑說我們學琴的都『上了當』,因為彈琴與名利無緣。」[9] 蔡老師告訴我,只有外表開朗、舉止優雅、有修養有品味而且性格正直的人,她才肯教他。她曾經直接拒絕了登門求教的學生,或者在上了幾堂課後就婉拒了他們,認為他們不配與她為友。她還說過,彈琴是彈個人的心聲,怎樣的人就彈出怎樣的琴。

我上課通常是在她午睡後,大概下午三時開始。上課大約一小時後,循例就吃下午茶點。早年上課時她有個本地女傭,點心通常是一碗麵或其他中式美點。後來幾年,她讓菲籍女傭到附近麵包店買些西點蛋糕。在傳統的中上層家庭裏,下午茶點是家中常事,也是必須的待客方式。到來上課的學生既是她的家人,也是賓客。劉楚華、蘇思棣和其他學生對這些下午茶點都記憶猶深。上海著名琴家龔一寫道:「多次看望,坐間蔡老師必以點心糕點招待外,告別時又將我這個已是半百上下之人,視如孩童,必令攜上巧克力、蛋糕點心方得允辭。今我已過花甲,每回想起彼時此景,被視為孩童的感覺除了『新鮮、受寵』外就是『珍貴』!」[10]

課後她偶爾會留一些得意門生吃晚飯,讓他們點心後能繼續彈琴,然後吃晚飯。這種情況下她常常親自下廚,她做的上海美饌令學生又驚又喜。雖然她在成長過程從未入廚,但在後來的生活中,學會了一些基本烹飪方法,又學會做一些上海家鄉菜餚。學生們還記得

一些她做的，也是我們都喜歡的菜式，例如蘇式燻魚、洋蔥豬排、紅燒雞、葡萄乾燒魚以及津白全雞湯。

她別具一格的教琴方法是在學生記熟琴譜後，就和學生對彈。她把兩張琴相對放在一張琴桌上，相隔只有幾英寸，就和學生齊奏。近距離學生可以密切觀察和模仿她每個動作，每個聲音。由於她個人對琴曲的節奏處理較不規則，也較複雜，因此只有對彈，學生才能真正有效掌握她的演繹方法。[11] 我清楚記得她與我孜孜不倦，反復不斷地彈奏，直到我掌握了琴曲中很難的節奏。每當有幾個學生相聚時，她會要其中兩人對彈。這種教學方法適用於琴樂，尤其是她的彈琴風格。這也體現了她致力於將藝術傳授給學生。

近年來，尤其大約 2000 年以後，由於右肩關節炎使她提起右手時感到痛楚，老師已經越來越少彈琴了。學生探望她時她都要大家彈琴，她在我們彈琴時閉上眼睛，默默地用雙手在膝上往來移動，彷彿自己在彈奏一樣。

由於近幾年來老師較少彈琴，所以我探望她時更多的是聊天。她開始與我談到自己以及一些她生平不同時期點點滴滴的故事。她談及雙親和兄弟姐妹、學校教師和同學、丈夫及其家人、以至更後期生活的琴友和學生。我發現她早年的故事更加引人入勝，發人深省，二十世紀的頭幾十年對我們這一代人來說，不過是遙不可及的模糊畫像，只是建構於我們父祖輩向我們講述的故事。老師每一件小事都揭示了一個我既熟悉又陌生的時間和地點。她的故事很多都是極

其私人的，她願意述說是她對我的信任，令我異常感動。從這些故事中我開始領略到在她親切的舉止、幽默的言談和優雅的音樂背後的另一面。她的傷痛是明顯的，她的遺憾是強烈的。由於這些故事，我早些時候讀過她的一些詩詞突然呈現了真實的意義。她強烈的記憶使故事活現眼前。

早期在訪談後，我會盡快趕回家中，把我的記憶盡量在電腦上記錄下來。後來我決定更準確和詳盡地記錄她的生平，並為了保持連貫性，將所有故事順序排列。我也開展了一種新方法，蒙她很樂意與包容地允許我使用。我帶同筆記本和電腦，閱讀我的筆記，開始反過來向她講述她在我筆記下的故事。她聽後會糾正或鋪陳一些細節，或者轉到其他故事，這時我就會飛快地敲擊鍵盤。通過這種方式，我將不同故事編織在一起成為敘事文，構成了更大的畫面。此後，我很依賴她兒子沈鑒治填補更詳實的資料。

註

1. 卞教授同時獲委任於哈佛大學（Harvard University）音樂學系（Department of Music）和東亞語言與文明系（Department of East Asian Languages and Civilizations），是我的博士導師，在她指導下，我於 1976 年完成我的博士課程。
2. 我開始跟蔡老師學琴時，1977 年秋已經跟琴家學者張世彬學了三、四堂課。張先生也跟蔡老師學彈琴，並在香港中文大學音樂系任教。1977 至 1978 年間，他是哈佛大學的訪問學者。當時我是康奈爾大學（Cornell University）的博士後研究員，並且經常到訪劍橋，跟他學習。1978 年張先生促成我獲聘到香港中文大學任教，成為他的同事，同年 8 月他因心臟病去世。
3. 「愔愔」是「靜寂」、「安適」、「和悅」的意思，引申作「自得」。
4. 蔡德允《愔愔室琴譜》卷一〈序一〉。
5. 蔡德允《愔愔室琴譜》卷一〈序二〉。
6. 《德愔琴訊》創刊號，頁 10。
7. 《德愔琴訊》創刊號，頁 10-11。
8. 《德愔琴訊》創刊號，頁 10-11。
9. 葉明媚《古琴音樂藝術》頁 216。
10. 《德愔琴訊》第三期，頁 19。
11. 雖然有譜本可依，但彈琴人在處理琴曲節奏方面擁有很大的自由度。在第十一章有進一步的討論。並請參見Bell Yung (榮鴻曾), "Da Pu: The Recreative Process for the Music of the Seven-String Zither."。

第二章・早年歲月

小時候她用筆墨練寫大字時，母親和舅舅會一張又一張的幫她拉紙。他們的關懷、支持和教導，肯定使她對這門精緻藝術產生濃厚興趣，是她日後成為優雅而受人敬佩的書法家的重要因素。

蔡德允 1905 年農曆 10 月 30 日（公曆 11 月 26 日）出生於浙江省湖州市雙林鎮，她父母雙方家族在鎮上已經生活了很多世代。雙林位於江蘇邊界，距太湖南面約十英里，太湖是中國第三大淡水湖，靠近東部沿海。（見【圖片 5】）湖州市位於蘇、杭的軸線中心。長久以來，兩個歷史名城及週邊地區以其繁榮和作為文人文化中心而享負盛名，故有「上有天堂，下有蘇杭」的美譽。湖州以其盛產高級書畫毛筆和宣紙而著稱，這是文人文化孕育出來的產業。[1]

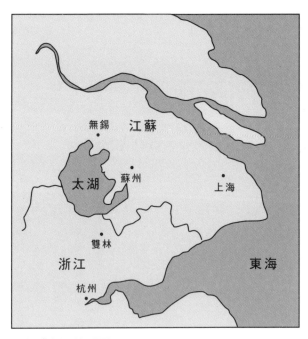

圖片 5 ｜ 上海週邊地區圖。

根據共有五卷的蔡老師族譜記載，到了二十世紀末，蔡老師家族在雙林至少居住了二十八世。家族的先祖可以追溯到春秋時代（公元前 770 至公元前 476）十二國中的蔡國。蔡國位於當今華北中部河南省黃河沿岸。蔡國滅亡後，氏族四散。部分逃往南方，定居在今天的湖州地區。[2]

根據蔡德允的堂弟蔡德堅（1918-2006）重編的蔡氏族譜，他們是第二十八世（見【圖片 6】）。祖先的佼佼者是第二十二世他們的烈祖，一位士大夫蔡存禮（1699-1734）。其後包括他們祖父在內的四代人，至少有一個後人是有功名的讀書人，曾在清廷當過官。

許多中國人家庭，兒子即使已有家室，仍然繼續與父親或祖父同住一間屋。因此形成了關係緊密的大家庭。通常如果有一個兄弟，例如兄弟甲沒有男丁，有多個兒子的兄弟乙會將一個兒子「過繼」給兄弟甲，使兄弟甲的香燈得以延續。過繼關係的一切權利和義務是正式和永久的，因此孩子會將其叔父（或伯父）視為生父。

【圖片 6】的蔡氏族譜顯示蔡氏家族連續四代有過繼情況，直接影響了蔡老師的血統。第二十四世的蔡憲章有幾個兒子，其中蔡燮昌（第二十五世）過繼給沒有男丁的伯父蔡烈（1752-1789）。作為繼子的燮昌出生於 1813 年，那時他的繼父烈已經去世二十四年。燮昌自己有六個兒子，其中的蔡慶書（第二十六世）過繼給堂兄（不是胞兄）蔡汝璉，他是燮昌父親的四個兄弟中蔡珍的兒子。這樣慶書就繼承了第二十四世的另一房。慶書自己有六個兒子，其中蔡止

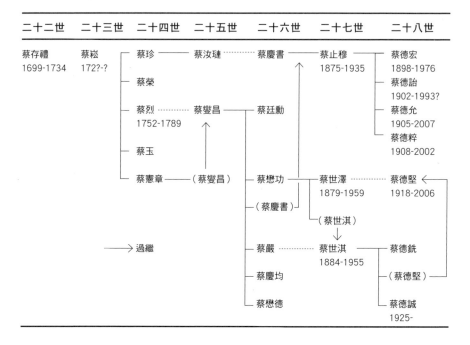

圖片6 | 蔡德允家族的族譜。

穆（第二十七世）是本書傳主蔡德允老師（第二十八世）的父親。

燮昌的六個兒子中，蔡懋功（1844-1884）有兩個兒子，長子蔡世澤（1879-1959）和次子蔡世淇（1884-1955），他們是第二十七世。世淇過繼了給他的叔父蔡嚴，世淇三個兒子是第二十八世，其中的蔡德堅又過繼給他的伯父世澤。[3]

蔡老師的傑出祖先以曾祖叔父（即蔡老師的親生曾祖父）蔡燮昌最

優秀，曾出任很多重要的官位。雖然她的祖父蔡慶書沒有當過官，在蔡老師的印象中，他在湖州是一位德高望重的人物。由於祖父在她很小的時候就去世了，所以給蔡老師留下印象不多，但她講了一個由長輩轉述的故事：「我出生那天碰巧新知縣走馬上任。剛到城中他馬上前來拜會祖父。知道祖父有孫子出生，他就帶備了喜饅頭來祝賀。」傳統中國讀書人都希望能夠當官。可是十九世紀末中國正面臨急劇的政治和社會動盪。因工商業開始興起，建立了政府官僚體系之外的中產以至中上層階級的基礎。蔡老師的祖父雖然受過良好教育，卻未曾擔任官職，這種情況沒有從前那麼罕見。

蔡老師的父親蔡止穆（1875 年 7 月 30 日至 1935 年 7 月 2 日）在六兄弟中排行第五。她不肯定父親到底有多少姐妹（舊式中國家庭通常只算男丁），但她記得至少有四個姑母。蔡父的四個兄長有兩個早夭，他們都是父親早逝的元配所出。繼室又生了幾個孩子，包括蔡父和么子。兩組兄弟之間相隔了二十年。

蔡老師兩歲時，父親先從雙林遷居到附近的吳興，然後再搬到五十英里外的大都會上海。一家人從一個小鎮搬到上海，在當時並不稀奇。雖然遷居必有個人原因，但這種遷徙已經是自十九世紀中葉以來的一種模式。上海其時成為一個所謂的外國條約港口，不久之後就目睹西方勢力在此迅速崛起。這座城市冒起並成為中國主要的工商業中心之前，直到十九世紀初只是一條寂寂無聞的鄉村。蔡家的遷徙只是週邊地區的許多事例之一。[4]

蔡家在中國末代王朝沒落的年代遷居，其具體原因尚不清楚。可能是蔡父當時正在經營新事業：絲綢的生產和貿易。他最初在上海一家絲綢公司任職經理，不久後就開始經營自己的絲綢生意。蔡老師回憶起父親常到上海以西約八十英里的無錫，為他的工廠收購蠶繭。繅絲毫無疑問是中國最古老的一種產業，浙江省以蠶絲業聞名，尤其是距蔡老師家鄉約三十英里的最大城市杭州。中國有句家傳戶曉的名言：「生在蘇州，穿在杭州，吃在廣州，死在柳州。」意思是蘇州以美女聞名，杭州以絲綢聞名，廣州以菜式聞名，而柳州以棺木聞名。

從蔡父以下幾乎整個蔡氏世族都遷徙了。留在雙林的只有蔡父兩個妹妹，蔡老師稱她們為「孃孃」。[5] 她已經不記得這些姑母，也不記得幾位「伯伯」的事。她只記得比她父親大二十歲的二伯父，在她還是個小女孩時就教她用筆墨學寫書法。正確的書法訓練要用功從臨摹前代大家的碑帖開始。二伯父用這種方法教導她許多歷代名家書法和書體。二伯父有兩個女兒，年齡與蔡母相若。這兩位堂姐於全家人搬遷後在蔡氏家族開辦的學校擔任校務和教學，蔡老師後來就在這所學校念唸了好幾年書。

蔡老師還記得她的「叔叔」，就是她父親排行第六的么弟，她之所以記得他是因為他的婚事。這位叔叔已經和一位少女訂婚，卻不幸在他們婚前不久突然病逝。照蔡老師說，叔叔去世後不久報夢給準新娘，說她命中注定是蔡家的人了。在他去世時，雙方家人都同意婚約已經無效，少女也可以自由嫁人。但是她無視勸告，即使婚禮

沒有舉行，他們也沒完婚，她執意自己應該守寡。於是搬進了蔡家履行媳婦的責任，度過終生。為了延續這位叔叔的香燈，家人將蔡老師的二哥和妹妹過繼給這位叔叔和叔母，因為叔叔排行第六，就視為六「房」的子女。

「房」一詞的概念為父系大家庭的基礎。通常兒子成年後，即使已經結婚生子也繼續與父母住在一起。這樣一個三代同堂的家庭就分房居住。長子一家稱為大房，次子稱二房，三子就叫三房，如此類推。他們的兒女被稱為「大房某某」或「三房某某」等。來自不同兄弟或「房」的子女，不論他們是哪一「房」，都會根據他們出生早晚順序排行。換言之父系家庭的堂兄弟姊妹會被視為同胞兄弟姐妹。

「房」一詞不僅指實際空間的分隔，也是宗族的單位和分支，帶有清晰的大家庭等級制度。這種等級制度具有內部權力結構，在氏族之內建立了政治個體，並發揮了大家族對幾代人的緊緊控制。即使有兄弟遷離，老一輩的控制程度自然減弱，但家庭成員仍繼續稱「房」。隨著二十世紀的發展，大家庭開始瓦解，「房」的觀念逐漸消失。但是蔡氏家族在二十世紀初年似乎一直維持這種做法。堅持「房」的名份以及蔡老師六叔和叔母的故事，均凸顯了這個家族的保守性。

蔡母姚懷淑（1872 年 6 月 15 日至 1957 年 4 月 29 日）身材高大，教養良好，來自一個較小的家族，有兩姐一弟。蔡老師記得舅舅與

她特別親近。小時候她用筆墨練寫大字時，母親和舅舅會一張又一張的幫她拉紙。他們的關懷、支持和教導，肯定使她對這門精緻藝術產生濃厚興趣，是她日後成為優雅而受人敬佩的書法家的重要因素。蔡老師已經不大記得兩位「姨媽」了。小的一位她稱「二大姨」的，終身不嫁，住在蔡家終老。蔡老師的兒子沈鑒治記得她是一位慈祥的老太太，在家中有自己的房間，大部分時間都花在玩紙牌。1957 年她活至九十多歲才離世。

蔡母也來自一個學識淵博的家庭，家中藏書豐富。「每年晚春時候，母親和舅舅會把家中藏書都搬到院子裏攤開曬太陽，驅走紙張的濕氣，以免腐爛和被蛾或蠹蟲蠶食。」蔡老師說道。蔡家與大多數中國家庭一樣，也習慣暴曬床鋪衣服。蔡老師記得曬書的事，表明小時候書本對她來說已經很重要了。

受益於父母的影響，蔡老師在一個嚴肅的文學氣氛中成長，包括學習書法和閱讀經典與詩詞。絕對沒有「卑俗」的讀物，指的是所有白話（口語）作品，她回憶說。著名的經典《紅樓夢》，要她上高中時才准閱讀，遑論她青年時期，由劉鶚和曾樸等名作家所寫更通俗的白話小說了。[6] 她母親的影響無處不在，遠遠超出了文學領域。直到今天她仍記得母親的忠告：「要有耐性，不怨天尤人，要將煩惱拋諸腦後」，她曾寫過一些懷念母親的詩詞。可想而知，姚懷淑是一位傳統上層家庭賢妻良母的典範，也是蔡老師學習的榜樣。

不過，從一些小事就可凸顯蔡老師的獨立性格，例如她的名字「德允」一事。中國傳統習慣由家中最年長者為初生嬰兒命名，一般是祖父母或曾祖父母。蔡老師出生時由祖父給她起的名字叫蔡允珠。珠是珍珠，一個很普通的女性名字。還是小女孩時，蔡老師就覺得這個字太平凡了，用她自己的話來說就是「俗氣」。因此在她爭取下，將「珠」字改成一個與湖州和上海話同音的「志」字。幾年後，她發現自己的兄弟（包括各房的堂兄弟）取名方式是姐妹所沒有的規矩：名字中一定有「德」字。所以她兩個哥哥叫德宏與德詒。這是中國家庭的慣例，使大家族裏的男丁可以很容易認出他們是同一輩人。由於她是一名女兒，她的名字沒有跟隨兄弟與堂兄弟的字輩，令蔡老師很苦惱。她再次主動與母親商量，可否將她的名字改成蔡德允，就可與同輩兄弟的名字一致。母親同意了。結果她的妹妹蔡粹珠也改名蔡德粹。

蔡老師在上海「一所房間很大，天花板很高的老房子」長大，她回憶道。她有自己的臥室，裏面有一張很大的床，上面掛著蚊帳，床太大了，「我不知道該在哪邊下床。」睡覺前，父親總會給她準備諸如水果的零食，有時已經上床了，母親還會餵一口到她嘴裏。

蔡老師年幼時弱小多病。一位醫生估計她活不過三十歲，另一位甚至說她沒希望長大成年。她二哥很擔心，為增強她的體質，買了一種叫「裙邊」的珍饈食物給她，這是甲魚的邊肉，據說營養很高，可以補身。全家人對她偏愛的部分原因是她體弱。為了增加她長大成人的機會，父母將她打扮成男孩撫養，期望她可以像兩個哥哥一

樣健康成長。到她八歲正式入學時（很遲入學）才恢復女裝打扮。

蔡老師一家住在上海城北，過了那座「垃圾橋」的蘇州河對面。這個難聽又不恰當的名字可以追溯到較早時期。到了二十世紀初，橋上已經沒有垃圾了，週邊環境也不錯。她就讀於蔡氏家族創辦與經營的上海「湖州旅滬公學」，就在自己家的附近，由她一個堂兄管理。顧名思義，所有老師和學生都來自她的家鄉湖州。她雖然比大多數同學年長，但由於個子矮小，所以她總是坐在教室前排。

除了男女分班外，她對早年學校的記憶已經不多。同性別不同年齡的孩子安排在同一班上，結果同班同學的年齡差別很大。她記得自己很討人喜歡，一些女同學，尤其是比較大的女孩子很喜歡她，會過來當作洋娃娃的抱她和親她。她無疑是極惹人喜愛的。

由於她成長於一個親密家庭和一所士紳宗族學校的受保護環境中，除了溫順又聽話，就如她自己所說的「天真得對人生現實和世俗的複雜與險惡一無所知」。在她九十九歲那年與我談話時，笑著對我講了一個自己是多麼無知少女的故事。有一天，懷孕的大嫂腹大便便的到來。蔡老師的母親開玩笑地說：「她又來了，還給我們帶來一個西瓜。」她大姨母剛巧也來了，對她懷孕的甥媳婦開玩笑說：「當你吃完這瓶麻油後，你的孩子就會生下來了。」蔡老師聽後很震驚，就把它掛在心裏，以為吃麻油會令女性生孩子，從此很多年她都不敢吃麻油。

圖片 7 ｜ 從左至右：蔡德允、蔡母、大哥、二哥、蔡父與妹妹。約 1911 年。

蔡老師有兩個哥哥，分別叫蔡德宏（1898-1976）和蔡德詒（1902-
1993？），還有一個妹妹叫蔡德粹（1908-2002）。她叫他們「大哥
哥」、「二哥哥」和「妹妹」。兩個女孩大家都叫她們「妹妹」。大
的叫「大妹妹」，小的就叫「小妹妹」。

由於孩子們的年齡相近，他們經常玩在一起，雖然大哥哥常欺負
人。蔡老師回憶道：「我們很小的時候常玩在一起。有一次過年，
所有的椅子都套上紅椅套和配上紅坐墊。我們四人在客廳裏玩，墊
子散落地上，糖果、糖衣蓮心、話梅、瓜子等賀年食品滿地都是。
這時突然聽到街上的車輪停在大門口，就知道父親下班回家了。我

們急忙收拾客廳，將所有椅墊歸還原位，並把食物藏在客廳屏風後面的長桌上。我們像平常一樣衝出前門迎接父親，然後跟著他到樓上去，看他安頓好，不要我們幫忙了。當我們回到樓下，發現屏風後面長桌上所有東西都不見了，知道那是大哥的所為。大哥真的時常欺負我們這些弟妹。」

蔡老師繼續說：「可是每當客人到訪時，大哥哥總是很乖的。有一天家人在聊天時，我突然脫口而出說道：『明天孃孃要來看我們，真是太好了。』沒有人知道我為什麼突然會這麼說，但是我內心暗自高興，明天會是平靜的一天，因為大哥在客人面前總會表現得規規矩矩的。」雖然受到欺負，蔡老師依然懷念大哥對她的關懷，大哥的數學特別出色，是他幫她數學功課的。由於大哥的幫忙和鼓勵，她在學校取得很好的數學成績。兩個哥哥最終入讀一所高級的西方教會學校。畢業後，大哥在一家出版社工作，後來對書籍很有研究。她與母親有需要時，他會為她們買書。二哥在東吳大學攻讀法律（這所基督教大學著名的法學院培養了當時中國幾乎所有律師和法官），最後成為一名成功的律師。他尤其擅長英語，並幫助蔡老師提升她的英語能力。小妹妹上了另一所基督教大學，南京的金陵女子學院（Ginling College for Women，又稱 Virginia College），主修地理。畢業後，她在母校和其他學校任教直至退休，成為中國其中一位權威地理教授。1952 年金陵女子學院隨著所有其他基督教大學一起關閉，教職人員分配到其他大學。

註

1 第三種著名物產是絲棉或生絲。

2 蔡老師原來的族譜已經毀於「文化大革命」期間。家族的資料有一部分由蔡德允的堂弟蔡
德堅在 2003 年重修。

3 由於族譜是蔡德堅重修的,因此他很自然地最熟悉自己的直系血緣:其過繼父世澤、祖父
懋功、曾祖變昌和高祖烈。要留意族譜的體例,女兒由於外嫁到夫家,所以不入族譜。沈
鑒治(蔡老師的兒子)告訴我,重修的家譜可能有誤。

4 最傑出的人物是蘇州鄰近的無錫榮氏家族成員榮宗敬、榮德生兄弟,他們 1890 年代移居
上海,後來成為二十世紀中國最偉大的實業家。參見榮敬本、榮勉韌《梁溪榮氏家族史》;
馬克鋒《榮氏家族》。

5 「孃孃」是江、浙兩省大多數人對父親妹妹的稱謂,在蔡老師家鄉也適用於父親的姐姐。

6 她對白話文學的偏見一直持續到成年,從來沒有讀過,也沒有興趣 1920 和 1930 年代所
出版諸如老舍、巴金和張恨水等名家的經典文學。

第四章‧書法詩詞與音樂

我認識蔡老師超過二十五年的歲月中，她的憶憶室必不可少的是一張收拾得整齊清潔的紫檀書案，有靈感或有需要就可以隨時臨池。

蔡老師自幼就浸淫於傳統中國文人的詩、書、畫等藝術中。她記得小時候家中牆上掛的是書畫名家諸如鄭板橋（1693-1765）、吳昌碩（1844-1927）和王一品（活躍於二十世紀初）[1] 的作品。在學生年代，她曾跟隨畫家蔡夢言學習傳統水墨畫，記得自己特別擅長畫梅花。可是當她知道自己畫不好蝴蝶後，就放棄了學畫。但由於繪畫與書法和詩詞直接相關，因此繪畫仍是她藝術生活中的重要成分。水墨畫家或詩人常會寫詩來表達或補充畫中內容，他們經常親自以優美的書法在畫上題詩，也可以請書法家朋友代筆。因此一幅以精美書法題詩的畫作，將文學、書法和視覺藝術結合成不可分割的整體，彼此之間相得益彰。多年後，蔡老師在詩壇與書壇稍有名望，很多畫友都請蔡老師為他們的畫作親筆題詩。

在母親和舅舅親自誘導下，蔡老師從小就喜歡在宣紙上用筆墨練習書法。後來二伯父的教導對她影響尤深。她遵循傳統的書法訓練方式，不斷地逐筆臨摹歷代大家的字體風格。由於起步得早，加上她與生俱來對藝術的入迷以及努力不懈的練習，使她成為公認的大家。

她自承史上有幾位書法大家和書體對她影響最大，其中特別提到北魏（386-534）時期的張猛龍碑。宋代以前（十世紀及更早）印刷術未普及時，頌讚名人的石碑銘文是展示名家書法的最主要來源。銘文用精美的書法鑴刻而成，以詩文記錄逝者成就。由於經得起時間考驗，這些碑刻成為不同歷史時期珍貴的書體範本，對後來書法的發展產生巨大影響，並成為書法史家珍貴的第一手資料。由於書

圖片 8 ｜ 蔡德允書法。

寫碑文的書法家已不可考，因此書體風格會以碑主的名字或歷史時期命名。

張猛龍為北魏時期魏魯郡太守，紀念他的石碑立於 522 年。此「正體」碑文早就名聞於世，在宋代已經收入主要碑刻目錄。清代繁盛的碑學進一步促進了張猛龍碑的名氣。魏碑受到當時的士大夫，例如十九世紀末二十世紀初的大學者兼維新派政治家康有為大力推崇。因此早年蔡老師受推薦學習此碑不足為奇。

顧名思義，「正體」是所有書法初學者的基礎書體。其後蔡老師又學了其他主要書體：隸書、楷書、行書和草書。她臨摹漢代的隸書是 156 年曲阜孔廟的禮器碑，和 186 年山東省東平縣文廟的張遷碑。至於楷書和行書，她最喜歡的是宋代書法大家米芾，是她臨摹的範本。

蔡老師的書法無論是條幅的大字，或在已出版的詩詞文集和琴譜中書寫的字體都神似米芾。移居香港後，她的文友們十分欣賞她的書法，都渴望能夠得到她的墨寶。1950 年代，由其二哥的朋友袁仰安創立的電影製片廠「新新電影企業有限公司」請她為多部電影題寫片頭，其中有《漁光戀》(*Gone with the Tide*)。[2]

我認識蔡老師超過二十五年的歲月中，她的愔愔室必不可少的是一張收拾得整齊清潔的紫檀書案，有靈感或有需要就可以隨時臨池。桌面上有硯和墨，一個掛上不同大小款式，用於不同字體毛筆的筆

架，一卷卷宣紙齊整地放在一角。寫字時她要不是坐著寫小字就是站著寫大字。她指出，懸腕是書法家寫大字的方法。這樣可以自由運筆，力透筆鋒，因而能施展出所需要的輕重緩急。這種技巧要經過多年嚴格而刻苦的訓練，更別說需要有健康的筋肌以及肩膀和上臂能夠控制自如。

蔡老師祖籍湖州以生產毛筆聞名。城裏最有名的製筆人王一品是她二伯伯的好友。因此她自小就用最好的毛筆，並為自己善於用筆而感到自豪。她只使用純羊毫筆，質地特別柔軟，毫尖細膩。由於性質柔軟，故需要長年練習特殊技巧來掌握對筆鋒的控制，稱為「棉裏針」。相反，她看不起那些使用筆身堅挺，易於操作的狼毫筆書法家。「羊毫筆和狼毫筆的筆觸，特別是在拐彎處，在專家的眼底是截然不同的。」她說道。

彈琴學生和文藝界朋友們對蔡老師的書法向來一紙難求。她講述了一件往事，少女時她在上海寫了「吳興蔡」三個大字。家人將它刻蝕在銅版上，後來她二哥定居台灣時將它帶去。她記得當時知道自己的書法受到哥哥的珍惜，並用來布置新居感到非常自豪。

在漫長的一生中，她揮毫不輟。近年來由於視力減弱和肩關節炎而不再寫小字，只寫大字。但寫大字要站在桌旁，由於雙腿乏力，近來自己站立也成問題。即使這樣，2004 年初她應學生請求在琴展的冊子上題簽，在一位學生從背後幫她站立之下寫了一幅大字。

圖片 9 | 蔡德允書法。

蔡老師在母親深深的影響下，從小就對詩詞產生興趣。蔡母有高雅的文學品味，尤其喜歡古典詩詞。她記得常常聽到母親以傳統獨特的音調變化和節奏吟誦詩詞，由於自小不斷的接觸，她學會了詩詞吟誦，至今還吟誦不斷。通過吟誦學習詩詞無疑是她成為詩人的一個因素。

詩歌吟誦與中國詩歌歷史一樣悠久，文學史家認為詩歌最早是吟唱而不是默讀的，不同的詩歌體材發展受到吟唱的音樂特徵影響。吟誦風格因地域而異，與方言的語音特徵關係密切，並通過口頭代代相傳。蔡母肯定是在成長過程從家裏長輩學會的，即如蔡老師耳聽母親學到的一樣。這種模仿過程使她進入了一個文雅而罕有的詩歌吟誦與創作世界，並與書法和琴樂成為她終生的摯愛。[3]

蔡老師從小就寫詩，尤愛填詞。詞盛於宋代，與詩的分別在於用長短句。她寫的幾百首詩詞分為兩卷，親自以精緻書法用宣紙書寫。2003 年由同門劉楚華選出約二百五十首出版，就是《愔愔室詩詞文稿》，並用原色傳真印刷以保存其書法原樣。在出版序言中，蔡老師深入探討了自己的詩詞藝術啟蒙和指導：「回憶兒時，耳聞慈母吟唸詩詞，大姨母亦常朗唱唐詩名篇，或受此熏染，自幼年讀書即愛好詩詞歌賦，尤喜吟誦，惟未興學習之念。後偶讀《白香詞譜》[4]，閱之趣味盎然，遂日夕鑽研，習之久矣，書中詞句，乃一一熟諳。該書於每闋詞之格式、作法、平仄、押韻均解釋詳盡，又附錄詩韻，因得以逐步自學，始試填詞。嘗以所作呈示慈親，頗得鼓勵，自此益醉心寫作。每趁空暇，即於心中造句，復就生活日

常所見所感，盡託於詞。先填其體製短者，久之，遂能作較長之篇，既有所得，興趣更濃。斯其時也，耽嗜之深，竟至床頭放備紙筆，半夜夢迴，偶得佳句，便即記下，練習之熟，遂入其門。」

同一序言中，以下一段揭示了她的詩詞創作歷程和思想：「余於學習之餘，亦常請前輩指點，見詞家喜用典故者，[5] 乃至句句用典，致令內容深奧難明，此非吾所好尚。蓋古人之心思意想及其遣詞用語，未必能表現今人之生活感情也。因此之故，余所填詞，賦物多用白描，寫情則直抒胸臆，極避偏僻。」

《愔愔室詩詞文稿》的詩詞約有一半寫於 1940 年代她居於上海期間；其餘的是 1950 年之後寫於香港。她年輕時的詩詞大都是抒發日常生活情感，詠題如《紅葉》、《藕》、《送春》、《鶴》、《新月》、《盼雪》、《水仙》、《紙鳶》、《霧》等等，都是以前詞家典型對大自然的抒懷題材。有些是紀事詩詞，例如《送榮寶仁袁英赴粵》、《今虞琴會歸來》、《餞李女士》和兩首賀詞《擬賀人新婚》與《壽二伯父生日》，另一首寫日軍侵華的《時日軍勢張甚》。還有少數輕鬆調笑的如《吃香酥鴨》和談論時代社會變遷題材的《詠香煙》與《電扇》之類。

1950 年移居香港後，蔡老師在一小群文人畫友中漸漸以詩、書、琴聞名，他們之間定期舉行詩畫琴雅集，因此那段時期大都是這些場合的紀事詩詞，例如《記梅苑雅集》、《丁酉（1957）三月志蓮淨苑雅集》以及一首詩題很長的《丙申（1956）清明前四日與鴻來 [蔡

師丈〕及琴友呂振原君應名琴人吳純白徐文鏡二公之邀同遊沙田萬佛寺赴月溪法師琴約》。幾首題贈畫友展覽的詩詞如《觀趙鶴琴先生書畫預展》、《贈蕭君立聲畫展》[6]、《聞張紉詩開牡丹詩畫展》、《贈周士心畫展》和《題徐文鏡先生山水畫五絕》，還有應畫友之邀題畫者，如《題蕭立聲仕女圖彈琴》、《題吳因明畫》和《題陸馨如女史繪贈抱琴圖》等。

詩人在雅集中以吟詠玩樂由來已久，結果雅集多有「和詩」作品。簡而言之，詩人之間「和」詩，是一個詩人寫一首詩來呼應另一個詩人作品的內容，但要運用後者的韻和詩體。由於內容和形式的外在限制，和詩考驗了詩人的創作能力，更何況要即興創作了。蔡老師寫了很多這類詩，都註明是「和某人」的詩。她在雅集曾經與不少詩友和詩，包括學者饒宗頤和宋心冷，尤其是她的文壇摯友徐文鏡和琴師沈草農。她偶然還會註明某詩是步諸如蘇東坡等古代著名詩人的詩體和詩韻。

除了贈詩畫朋友的「酬唱」詩外，她很多詩詞都是非常個人的，就如她在詩詞文集的序中所寫：「數十年前所作詩詞，泰半為遣懷之作，不外藉以寄意抒情，言志述懷而已，其中所及之悲歡離合，亦僅一己之感觸，未嘗有發表於世之想。」第十二章將更詳細地研討她的詩歌，並探索它的寄意和情懷。

蔡老師很早就接觸音樂，在她成長時家裏就有很多樂器，是她父親和後來兩個哥哥買來消遣的。這些樂器既有西方的小提琴、小號和

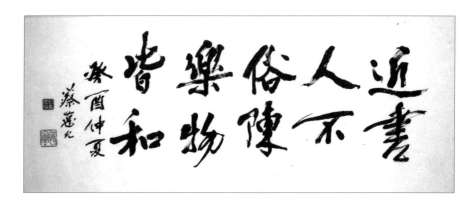

圖片 10 ｜ 蔡德允書法。

小風琴，又有中國的橫笛和笙。所有樂器她都曾經涉獵過，憑自學而通曉其中幾種，以風琴彈得特別好。上高中時，她見到一架唱歌課時伴奏的鋼琴，就自己開始學彈。由於她有風琴根底，因此再次輕鬆地學會了鋼琴。她的演奏實在很不錯，給老師留下了深刻的印象，並請她在學校聚會為唱聖詩和國歌伴奏。婚後丈夫為她買了一架鋼琴，她不用樂譜，繼續靠記憶或即興彈奏。直到很久以後，她兒子鑒治開始學彈鋼琴時，才陪他一起上課學習，以鼓勵他練習。那時她才初次學習西方樂譜，並開始彈奏巴赫和莫扎特等經典曲目。除了鋼琴外，她在上慕爾堂高等專修學校（Mu'ertang Higher Institution of Specialization）時學會了拉小提琴。

中國有不同種類的長短橫笛，最常見的是北方戲曲伴奏用的梆笛和

崑曲或崑劇（西方人稱之為古典歌劇）伴奏用的曲笛。梆笛短而音調高，音色明亮；而曲笛音調較低，音色醇厚。蔡老師兩種自己都學會了，由於對崑曲的愛好，後來特別擅長於曲笛。

她還喜歡吹笙，但父親認為「笙會傷氣」而制止她，她也聽從了父親。其實真正的原因，可能當年笙在傳統中國社會中不是一種高雅樂器，主要用於一些農村的民間音樂，及在婚喪禮儀與各種道教儀式合奏——換句話說是供職業樂手之用。這種樂器聲大氣粗，因其社會功能而長期與低下層樂手為伍。中華人民共和國成立後，改變了笙的地位，在音樂會的舞台與其他樂器合奏，更成為現代中樂團的常規樂器。但在蔡老師青年時代，卻非一種適合於有教養少女的樂器。

除了演奏樂器外，蔡老師還接觸過中國戲曲。她記得小時候在家裏聽過七十八轉唱片中的京劇，而且憑耳聽很容易就學會很多唱段。1920 年代初中國唱片業開始在上海發展，由於普及的傳統劇種如京劇等具有商業價值，於是被錄製成唱片銷售。她十幾歲聽唱片學會一些唱段時，親戚朋友就要她在家庭聚會上表演。但有一次父親告訴她不應該唱京劇這種低俗的音樂，所以她以後就再也不唱了。

幾年後她開始唱崑曲，崑曲無論曲詞與音樂都很優雅，因此適合她這個階層的年輕女性。她婚後請了一位當時最著名的崑曲唱家，專演老生的鄭傳鑒先生教她唱戲。他是二十世紀初期著名的崑曲「傳」字輩唱家。[7] 在他指導下，蔡老師的崑曲和曲笛都學有所成。

移居香港後，她經常在雅集唱崑曲及吹曲笛。雖然 1970 年代末與她認識以來，我還沒有聽過她演唱，從她精通崑曲的優雅曲詞和細緻旋律，可知她對這種戲曲的喜愛。她的一些彈琴學生，特別是張麗真和劉楚華也開始學唱崑曲，這不但因為琴樂和崑曲都與文人相關，還受到蔡老師的影響。尤其是張氏已經成為一位出色的票友，時常公開演出。

二十世紀初，京劇雖然已經流行了一百多年歷史，並得到慈禧太后極力扶持，但在精英階層圈子裏，仍無法擺脫其粗俗的形象。京劇在十八世紀末初現於北京時因受人歡迎而取代了崑曲的地位，除了因為受清宮廷滿洲人喜愛而提高其聲譽外，另一部分理由是因為崑曲文字過分文雅和音樂風格古板，相反地京劇有口語化的曲詞，高亢、短促和節奏性強的旋律，以及響亮而刺激的鑼鼓，因此京劇迅速流行起來並很快傳播到全國各地，取代了崑曲成為最受歡迎的劇種。但對於仍然浸淫在精緻與高雅古典文學的蔡家來說，京劇依然是迎合販夫走卒口味的新興劇種。蔡老師的二哥結婚時，一場鋪張的婚禮，包括在家裏演戲招待客人。她記得在寬敞的院子裏搭建了一個戲台，有名角徐凌雲的演出，[8] 上演的當然是崑劇而不是京劇。

蔡老師青少年時期的種種故事，不僅反映了某些社會階層部分樂種和劇種的社會學意義，還揭示了她教養的本質，以及她早期的性格：聽話、溫順和服從。毫無疑問，她父母的影響非常大。蔡老師說，父母指導她：什麼是對的，什麼是錯的，都是一個有教養的女

孩子應有的規矩。他們在在都影響了她一生的價值觀和行為，以言教與身教，不必事事指點。蔡老師敏銳地意識到父母的影響奠定了自己的個性和人生觀。[9]

十八世紀的小說《紅樓夢》細緻地描述了一個貴族家庭以詩、書、畫、琴和其他高雅藝術培養十一、二歲的女孩子成長。這些消遣是上流社會的專有特權，就像簡・奧斯丁（Jane Austen）書中一些女主角在世界另一端所享有的一樣。雖然蔡氏家族與小說中虛構的賈氏家族無論規模大小、富麗豪華和社會地位都不能相比，但她描述自己成長的詩書世界，使人可以一瞥現實生活中的一個例子。但是二十世紀初中國社會的劇變和政治動盪，令這種世界變得越來越罕有了。蔡老師是仍然得到這種高雅藝術培養的最後一代人，這一代隨著她的成長而迅速地消逝。

註

1　三人之中蔡老師對吳氏特別熟悉，不僅因為吳也是湖州人，他的孫女還是蔡老師小時候的同學。王氏與蔡父是同時代人，因他的毛筆受到書畫家推崇而聞名。

2　譯者註：《漁光戀》製片沈鑒治，導演與編劇袁仰安，主演關山、毛妹、李次玉。1960 年 4 月 1 日上映。

3　傳統上口頭傳誦詩歌有不同方式：A）「讀」、「唸」或「誦」，是指按一定節奏朗讀或背誦，一聲一拍，每句結尾停頓較長；B）「吟」或「誦」，是指沒有音調和以不規則的節奏朗誦。一句之中通常（但不一定）有頓挫節奏組合；C）「吟」或「唱」，是指有音調和不規則節奏的吟誦。要留意有些術語在不同地區不同的人之間，含義有所不同。還要留意的是，有別於有力而大聲的公開「表演」，以上各種形式都是以安靜的談話式語調私下進行的。蔡老師所說的是屬於C類。更多詩歌的吟誦資料請參見Chao Yuen Ren, "Tone, Intonation, Singsong, Chanting, Recitative, Tonal Composition, and Atonal Composition in Chinese"；Conal Boyce, "Rhythm and Meter of Tsyr in Performance"。

4　《白香詞譜》是舒夢蘭（1796-1820）所撰。近年有幾種重印本，包括中華書局（北京，1982），廣東人民出版社（廣州，1981），商務印書館（香港，1959）和世界書局（台北，1956-1957）。蔡老師現在用的版本是掃葉山房（上海，1932）版，她年輕時用的可能是1919 年的版本。

5　「典故」常譯作「allusion」，指從儒家典籍和其他古籍中引用詞彙或句子。有些典故是常用或眾所周知的，但也有出處可能鮮為人知。當詩句引用太多典故時，就算學富五車的人讀起來也像猜謎一樣。蔡氏不贊成這種做法。

6　譯者註：此詩嵌入詩題中「蕭君立聲畫展」六字，蔡老師在詩中特別點出。

7　他們稱為「傳」字輩是因為他們的藝名中都有個「傳」字，並且一起學藝，對傳承二十世紀崑曲藝術起了關鍵性作用。鄭傳鑒是存世的最後一位，1996 年去世。

8　徐氏是一位學者，也是著名的「崑曲傳習所」的合創人，該所培訓了崑曲的所有「傳」字輩的演員。

9　蔡老師的成長體現在她和丈夫如何教導兒子。沈鑒治記得他年幼時嚴格的規矩，例如飯桌上的正確舉止是一個好例子：他在餐桌上夾菜肉前要先吃三口白米飯，還要先拿蔬菜才能拿肉，此外他不能連續兩次拿同一道菜。

第五章 ‧ 從少女到婚姻

婚後第一年，蔡老師的生活顯然是痛苦的。

儘管她常用一貫平靜而輕描淡寫的語調來表達，她的敘述還是常常帶有情緒的迸發，使故事令人更加難過。

蔡老師雖然就讀於湖州旅滬公學，她主要還是在家裏接受中國文學教育，在父母和兄長輔導下自己研讀經典和詩詞。她經常在父親書房裏做學校功課，並閱讀大量藏書，背誦名家詩詞並自學寫詩，練習書法以及涉獵各種樂器。因此她的教育基礎是非常規的。她對詩詞、書法和音樂這些藝術有與生俱來的才能和興趣；在她自己的勤奮以及父母兄長教導下所建基的經典教育，是靠主流正規學校教育的孩子們無法比擬的。蔡老師如今既高興又自豪地回憶起，在上海湖州旅滬公學教她古文寫作的老師，除了對她的作文評價很高外，還經常將她優秀的文章公開貼堂。九十年後她仍然記得老師的名字叫張硯貽。

從私立的宗親學校畢業後，蔡老師十五歲時入讀南洋女子師範學校（Nanyang Women's Training School）兩年。學校提供文、理兩個專修課程。理科包括數學和英語，而文科則偏重中國文學，很少其他科目。她的選擇很容易：選擇理科不單是她對英語和數學有興趣，對一個在家裏已經打下堅實中國古典文學基礎的人來說，文科課程對她已經沒有吸引力了。

在上海這樣的國際大都會，像蔡老師般的年輕女性對英語產生興趣是毫不為怪的，這也反映了二十世紀初中國社會的普遍現象。城市有教養的家庭都清楚西方文化在中國政治、社會和文化的支配地位，他們認為未來會是屬於精通外語的人。二十世紀初上海劃分為幾部分。華人部分包括舊城南原城牆內區域和城北區域的虹口，以及偏遠的閘北、江灣、南市和龍華等。作為「外國租界」的市中心

部分是外國人的管治區域：南半部是法國租界，北半部是公共租界，由英、美和其他西方列強共同管治。在外國租界裏，西方的影響力顯而易見：戲院裏都是好萊塢電影，法國咖啡館是文青一代的時尚，演奏西方流行音樂的夜總會和歌舞廳提供了情色娛樂，上餐館吃西餐代表時髦及追上潮流。當時西方傳教士的影響巨大：上海頂尖的大專院校中，有聖公會（Anglicans）主辦的聖約翰大學（St. John's University）和浸信會（Baptists）主辦的滬江大學（University of Shanghai）。幾年後蔡老師入讀的慕爾堂高等專修學校是由衛理公會（Methodists）主辦的。

像蔡氏一樣，許多受過良好教育的小康家庭，常常通過傳教士主理的教堂和教育機構而深受西方文化吸引。最佳例子莫如著名的宋氏家族，其祖先宋嘉澍（Charlie Soong）皈依基督教，1880年代初在美國杜克大學（Duke University）和范德堡大學（Vanderbilt University）接受教育，其後回國，先後以售賣及印刷中文版聖經獲取巨利。他的兒女都接受西方教育，尤其是三個著名的女兒藹齡、慶齡和美齡，於二十世紀通過在中國的政治地位和經濟影響力斐聲國內外。[1] 她們跨進成功大門的主要踏腳石是早期家庭與基督教會的關係。

當她的家庭跟隨上海精英階層的社會潮流追求外國文化時，蔡老師個人對英語的興趣直接受到父親和兩位兄長影響。由於父親的絲綢生意要與外國人接觸，因此有需要學說英語。她記得父親的行家到家裏作客吃晚飯，其中偶爾也有外國人。二哥對她的影響特別

大，他曾在與基督教傳教士有關的西式大學——東吳大學法學院就讀，故說得一口流利英語。他鼓勵蔡老師學習英語，並在家裏積極輔導她。

蔡老師回想第一次接觸英文大約是十一、二歲唸高小時。她記得自己一個英文字母都不認得的時候，就能把二十六個字母全部背誦出來。想起早年在課堂裏背誦例如「This is the house that Jack built.」等簡單句子。她還記得在師範學校跟隨一位叫吳若安的老師更認真地學習英語。最早的英文讀物有《一千零一夜》（*Arabian Nights*）裏面的故事；其他還有托馬斯·巴賓頓·麥考利（Thomas Babington Macaulay）原著，用英、中雙語對頁出版的《塞繆爾·詹森的生平》（*The Life of Samuel Johnson*）；查理士·狄更斯（Charles Dickens）的《聖誕頌歌》（*A Christmas Carol*）和幾年後狄更斯的《雙城記》（*A Tale of Two Cities*）以及沃爾特·斯科特（Walter Scott）的《艾芬豪》（*Ivanhoe*）。吳老師還給她取了個她終生使用的英文名字：Florence。

在師範學校完成了兩年制課程後，她以最高榮譽畢業，並有望從事教學工作。雖然憑著優異的成績可以得到很好的教職，但她卻有鴻鵠之志，期望像兄長們一樣考上大學。她心儀於美國傳教士所資助，南京精英的金陵女子學院。[2] 在清朝覆亡後的幾年間，年輕女性上大學仍是很不尋常的。當時上海有不少大學，一般歸為三類。最負盛名的國立交通大學是一所公辦的學府。次一級是基督教傳教士經營的一些大學，例如聖約翰和滬江。最後一類是學術水平良莠

不齊的私立學校；其中大同（Utopia University）的標準最嚴謹，而復旦、光華和大夏則相對較差。復旦和光華是男女同校，其他的只收男生。

上海唯有復旦和光華兩所大學招收女生，對於蔡家來說都不在考慮之列：他們認為其學術水平不配自己的女兒。即使可以，男女同校也不適合。值得考量的唯有學術全面，只收女生的南京金陵女子學院。憑她優異的學習成績，蔡老師會被金陵女子學院錄取絕無問題；令她極度失望的是，儘管才華畢露，而且渴望接受高等教育，但是父親不許她離開家裏。在父權社會，父命不可違抗，她唯有服從父親的決定。後來知道父親的決定並非基於經濟或社會考量時，更傷透她的心。「他太自私了，捨不得我這個他最喜歡的孩子離開，要留我在身邊陪伴他。」蔡老師告訴我。幾年後，她的妹妹獲許入讀金陵女子學院。[3]

大失所望之下，蔡老師受聘於剛從那裏畢業的師範學校。可是一年多後，她就決定繼續自己的學業。由於無法離開上海，於是入讀衛理公會開辦的慕爾堂高等專修學校。四分之三世紀過去了，她至今仍然語帶苦澀地訴說自己被剝奪了當時最好的女性高等教育機會而深感失望。

慕爾堂的兩年制課程，相當於今天的大專學院，畢業生可以直接入讀大學三年級。這所學校以英語教學著稱，因為所有堂課都由外國人講授，蔡老師回憶時面帶一絲自豪和自信。她無疑是一名高才

生，在課堂上常常被要求大聲朗讀。她還記得西人牧師安德森博士（Dr. Anderson）和中國牧師周玉璽向她傳播基督教義，兩位牧師深深影響了她的宗教信仰。在慕爾堂的後一年，她接受衛理公會的洗禮，此後終生都竭盡所能虔誠參加禮拜。

蔡老師回想起她是在慕爾堂感覺到自己真實掌握了英語。其中一種訓練方法是上演英語話劇。或許因語言能力和外表的關係，她被選為英語話劇《燈與鈴》（*The Lamp and The Bell*）[4] 兩個女主角之一的比阿特麗斯（Beatrice），又稱紅玫瑰（Rose Red）。另一女主角比安卡（Bianca），又稱白雪公主（Snow White）的，蔡老師記得由一位又瘦又小的同學扮演。兩位男主角吉多公爵（Guido the Duke）和奧塔維奧王子（Prince Ottavio），由一位又高又瘦的女生吳蕉題和一位來自印度尼西亞，已經忘記了名字的同學扮演。主要的「小丑」角色菲德利奧（Fidelio）則由狄潤君扮演。

當時，上海有許多主要從事國際貿易的「洋行」。洋行的代表會來到慕爾堂和其他具有出色英語課程的院校招聘員工。《燈與鈴》演出時來了一位這樣的代表。蔡老師的英語給他留下深刻的印象，演出結束後他到後台即時要聘用她。但是學校的女校長沈君很喜歡蔡老師，告訴她為洋行工作是不愛國的，並在原校給她一份教職。於是蔡老師畢業後就在那裏任教了兩年英語和中國文學。

在慕爾堂她與兩位同窗建立了維持將近八十年的友誼。她們是狄潤君和吳蕉題，兩人在《燈與鈴》中也是主角。他們結義金蘭，自

圖片 11 ｜ 二十二歲的蔡德允，1927 年。

稱松、竹、梅「歲寒三友」。這三種植物深受國人尊崇，具有類似人類精神力量的崇高理想特質：即使在嚴寒的天氣下也堅毅地茁長。三個人中又高又瘦的吳蕉題稱「竹」；矮小又豐滿的狄潤君稱「松」；蔡老師沒有說明自己為什麼稱「梅」，但是三種樹只有梅可以在嚴寒歲月中盛開美麗芬芳的花朵。[5] 雖然她一百歲時仍靦腆地避開這個問題，但可以肯定她稱梅是因為長得漂亮。她們都名副其實，因為三位壽星至今還保持聯繫。竹與一位商人結婚，在美國生活了多年。松住在加拿大卡加里，時間花在彈鋼琴、繪畫和在教堂

當義工。三位百齡老人之間以聖誕卡保持聯繫。

1928 年，在慕爾堂教了兩年書的蔡德允，二十三歲時下嫁比她大兩歲的沈鴻來。他來自一個書香而不是商人的家庭。父親沈亮啟（字戟儀）一生貢獻於促進窮人教育，並開辦了很多學校。還有一個叔父在前清科舉省試中了舉人。

沈鴻來自小就表現出色。他小學畢業後便以優異成績通過全國考試，以全額獎學金入讀享負盛名的北京清華學堂（1925 年成為著名的清華大學，至今仍是中國最佳的兩、三所大學之一），是全江蘇省八個名額中的一位。清華學堂成立於 1911 年，是一所旨在培訓官派學生送往美國大學留學的學校。[6] 這所學校相當於現代水平的六年中學再加兩年大專。沈鴻來在這裏學習了八年，1924 年畢業後，進入美國歐柏林學院（Oberlin College）學習了兩年，1926 年獲得文學學士學位。隨後一年他進入芝加哥大學（The University of Chicago），1927 年獲得經濟碩士學位，隨後返回上海。

在 1920 年代的中國，即使在上海這樣的國際大都會，如蔡、沈兩個如此西式的家庭，年輕人之間相親大都還是由父祖輩安排。婚姻是關乎兩個門當戶對的家庭而甚於郎才女貌。就如當時的說法，婚禮不是兩夫妻的結合，而是擇女婿或娶媳婦。結婚後，年輕夫婦就會搬進丈夫家裏，或者少數例外入贅到妻子家裏。

一般來說，門當戶對兩家主要取決於社會地位與家庭財富。蔡老師

和沈鴻來的結合也是如此。蔡家經營絲綢，家境富裕。沈家不算貧困，但是並不富有。不過，沈鴻來的父、祖都奉獻於教育而深受尊敬，他本人是當時少數越洋留學的年青人，條件優越。蔡家一方面浸淫於中國文人的傳統，另一方面卻頗為西化。蔡父認為與沈家門戶相當就不足為怪了。反過來，對沈家來說，期盼與富裕而有學養的蔡家結成姻親是無庸置疑的。由於雙方都是西化的家庭，所以採用西式婚禮，在大西洋番菜館舉行婚宴。雖然如此，仍要進行一項古老儀式：在婚禮舉行前不久，蔡老師在母親和大嫂的陪同下，回到家鄉雙林祭祖，象徵她要離開娘家于歸夫家。

婚後第一年，蔡老師的生活顯然是痛苦的。我很多時候與她談到過去時，她無可避免地因為回到那段苦惱的日子而顯得激動。要重新建構當時的環境和痛苦的原因並不容易。儘管她常用一貫平靜而輕描淡寫的語調來表達，她的敘述還是常常帶有情緒的迸發，使故事令人更加難過。她的經歷不但反映了傳統中國婚姻的社會學意義，更重要的是，從本書目標來看，為蔡氏的個性提供了啟示。

這對新婚夫婦順理成章地住進沈氏在大安坊的家裏。家翁的元配和她所生的女兒都已早逝。後來他娶的繼室為他生了沈鴻來、沈旦來兄弟和兩個妹妹。沈老先生是位重理想、輕現實的人，終其一生傾盡家財為貧苦人家子弟興教辦學。蔡老師對他尊敬有加，稱他是一位德高望重的人。然而，沈老先生很少留在家裏照顧家庭，放由妻子持家，努力維持家計。他們的長子鴻來在美國名牌大學拿到研究生學位從海外歸來，自然是家中的寶貝。當兒子把一個高學歷，精

通文學藝術，舉止優雅而且容貌出眾的新娘子娶回家，而且是來自一個比自己富裕的大戶人家，他母親一定很抗拒這位媳婦，認定她是介入了自己與寶貝兒子感情的爭寵者。沈鴻來本人是一個平和而內向的年輕人，滿腦子都是對父母全心盡孝和言聽計從的儒家思想。

對蔡老師而言，她發現自己置身於一個既陌生又不友善的環境中，要與一個她還不大熟悉的新婚丈夫和一個公開敵視她的婆婆相處。與娘家對她呵護備至，父母嬌寵，還有兩位兄長和伯舅姑嬸等相比，面對的是如此劇烈的突變。毫無疑問，對於一個全無世俗經驗的少婦，突然加入這個新家庭是窮於應付的。[7] 在傾訴痛苦的回憶時，她總是抱怨道：「我對一切都太愚昧無知了」。這大概是指她感受到的陰謀、詐騙和欺凌，她只能以溫順的服從和沉默的憤怒來應對。

沈鴻來本分地把賺來的每一分錢都如數交給母親，由此可知蔡老師完全喪失了獨立自主。可幸是父親以她的名字開設了個人銀行帳戶，蔡老師才能維持僅有的尊嚴，不必完全依賴夫家的憐憫。錢財的枷鎖只是虐待方式的一種，蔡老師還經常受到精神折磨和身體虐待。她憶述了睡在她們夫婦對上房間的婆婆，在半夜裏大聲叫罵，數她的不是，還在地板上大力踩腳，使她不能入睡。午後的點心是對她另一種的羞辱。當時中國的中上層家庭都有這種習慣，點心可以是一碗麵條、或從街上攤販買回來的新鮮餡餅與饅頭或其他美點。這些點心相當於西方的英式下午茶。蔡老師憶述有一天她下班

回家，循例要到樓上婆婆的房間向她請安。老人家正和兩個女兒一起吃點心，當她見到媳婦時就喊樓下的女僕：「不要為少奶奶準備點心了。」故意把蔡老師排斥於家庭團聚之外。如此這般的公開羞辱下，使蔡老師稱她婆婆「惡魔」和神經病。

婚後一年，蔡老師於 1929 年 3 月 23 日（農曆 2 月 13 日）誕下了兒子沈鑒治，洋名 George，但這並不能改善婆媳關係。她曾經打算離開這個地方，但離婚在有名望的家庭來說是不可能的：這不僅會給蔡家聲望帶來奇恥大辱，她本人也因此永遠蒙羞。更甚者，兒子自然會留在他父親家裏，想到鑒治由婆婆撫養成長實在是無法容忍的。有一次，情況變得更糟的時候，家翁建議她回到娘家住一陣子，她就照辦了。可是幾天後婆婆就叫了一輛車把她接回去。蔡老師幸運的是，鑒治出生幾個月後，那位「惡魔」婦人就去世了，這個年輕的家庭得以搬進自己租來的公寓。但是與婆婆生活在一起的幾個月給她留下了深遠的創傷，幾十年後她仍然無法忘懷與寬恕。

註

1   參見 Sterling Seagrave, *The Soong Dynasty*.

2   金陵女子學院 1915 年開辦時有六名教職員工和十一名學生，是 1911 年一群滯留在上海的美國女性教育家夢想下的產物，她們都來自處於革命動亂的華中難民。其中一位是該校的第一任校長瑪蒂達·瑟斯頓（Matilda Thurston）。她 1896 年畢業於曼荷蓮學院（Mount Holyoke College），並於 1913 年前往中國為金陵女子學院尋找校址、聘請教職員和招生。1907 年中國的皇帝才頒布了一項准許婦女接受教育的法令［譯者註：1907 年清廷頒布《奏定女子師範學堂章程》及《奏定女子小學堂章程》］。1911 年辛亥革命標誌著一個新開端，金陵女子學院最終由五個宣教委員會創立——北方浸信會、基督門徒會、北方和南方衛理公會以及美北長老會。每個委員會為建築和設備認捐一萬美元，支持一名教員代表，以及為經常性開支捐款六百美元。（引自美國史密斯大學檔案館［Smith College Archives］的《中國基督教院校的美國背景》［*The American Context of China's Christian Colleges and Schools*］。）［譯者註：此校是現今南京師範大學金陵女子學院的前身，但在其校史中稱之為「金陵女子大學（Ginling Women's University）」。參見網頁 http://schools.njnu.edu.cn/ginling/about/introduction-to-ginling-college。］

3   沈鑒治告訴我，他母親並非孤立的例子。他知道當時至少還有一家人出於同一理由不許長女離家去上大學。

4   這是一齣女性的友情和相互奉獻的話劇，作者埃德娜·聖文森特·米萊（Edna St. Vincent Millay）是一位詩人兼劇作家，1892 年 2 月 22 日出生於緬因州羅克蘭（Rockland, Maine），米萊應瓦薩學院戲劇系（the Drama Department of Vassar College）之邀，於 1921 年該校校友會成立五十週年之際撰寫了此五幕劇本，她 1917 年畢業於此。劇本的全部文字都是用弱強五部格詩（iambic pentameter）寫成，這個故事就算不是照搬，也是模仿莎士比亞的悲喜劇。蔡老師記得當時的美籍英語女教師名叫瑪嘉烈·亨特夫人（Mrs. Margaret Hunt）。因為該劇在美國首演和出版只有幾年，就讓蔡老師和她的同學在 1920 年代初上演，實在是個意想不到的選擇，因此懷疑亨特可能是一名瓦薩畢業生。我最近再次向蔡老師出示這個劇本並讀了一些台詞。她至今仍記得一些情節，但表示當時只是背誦文字然後在舞台上如鸚鵡學舌般，對它並不太理解。

5   臘梅不同於一般的梅子樹。但花朵的大小和外觀類似梅花，表面呈蠟質，為鮮紅或淡黃色。學名 *Chimonanthus praecox*，西方人一向稱為 wintersweet。

6   這所學校是由所謂的「庚子賠款」建立的。庚子賠款是中國在 1900 年對西方八國聯軍的戰爭，西方人稱之「義和團戰爭」，戰敗後向各國支付的一筆賠款。美國用其所得款項建立學校並設立了獎學金。

7   沈家只有鴻來的弟弟且來得到蔡老師稱許和愛戴。據蔡老師說，且來年輕時患有結核病。1944 年 10 月 19 日在昆明逝世，享年三十六歲，知道他英年早逝的消息，她寫了一首詞以表悼念。見蔡德允《愔愔室詩詞文稿》卷一，頁 56。

第六章 · 滬港雙城記

這些搬遷是未來幾十年間他們將要頻繁搬家的先兆。擺脫了娘家和夫家的束縛後,蔡老師開始了一段漫長而奇特的不斷搬家歷程。

1929 年沈鑒治出生後不久，這個年輕的家庭從大安坊搬到附近瑞華坊自己的公寓。其後從 1929 至 1937 年間又搬了三次家：第一次搬到靠近蔡老師父母的潤德里；然後搬到愚園路的愚園村 19 號，對面就是中山公園（英文名 Jessfield Park）；最後搬到了祥康里（即新昌路 119 弄）41 號，就在梅白克路（今新昌路）的大劇院後面，在靜安寺路（英文名 Bubbling Well Road，今南京西路）後面那條街。1937 年蔡師丈前往重慶時，蔡老師母子先是在母家短住（其時蔡父已去世），然後再與二哥同住。

這些搬遷是未來幾十年間他們將要頻繁搬家的先兆。擺脫了娘家和夫家的束縛後，蔡老師開始了一段漫長而奇特的不斷搬家歷程。據她兒子統計，1937 至 1942 年居港期間搬家七次；1942 至 1950 年在上海時共搬家七次；1950 年起再到香港後共搬家八次。沈鑒治回憶說，有些搬遷是因為外在環境的需要，但許多時卻是其母親挑起的，因為她要找一個「更好」的地方。1970 年在香港島北角區買了一套公寓後，才成為他們以後十五年相對長久的住所。[1]

據沈鑒治說，他母親永遠不滿意他們正在居住的地方，一直尋找另一個「更好」居所。由於租來的房子均無租約，搬遷只要一個月通知期。因此一旦找到更理想的住所，他們就可以毫無麻煩地搬走。鑒治記得有一次搬家並不是因為他母親不滿意當時的公寓，而是女房東正想把它賣掉，以為蔡老師一家有意把它買下。想到一旦買下公寓，以後就不得不永久住下去，於是蔡老師慌忙地搬家了。他們第一次移居香港的五年，住了七套公寓，其中五套在同一條街上！

每當不搬家的時候，蔡老師就會在屋內重新布置家具，或將兩個房間的家具互相對調布置，當作搬動房間。她性格隨和的丈夫當為苦中作樂，無奈地容忍了這些操作。沈鑒治記得父親曾半開玩笑地說過，幸好抽水馬桶搬不動，否則蔡老師真會如此做。

1970 年他父母住在伯爵街時，沈鑒治已經遷居東京。由於房東想重建，所以迫遷所有住客。當時一個朋友在北角有個空置公寓，於是他們搬進那裏。後來鑒治為父母把公寓買了下來，原因之一是他再也不想見到兩位老人家自己要不斷地搬家。雖然不停抱怨兒子強迫她買下公寓，但有了自己的地方後，蔡老師安定了十五年。1978 至 1980 年期間我跟她學琴時，雖然她沒有搬家，但我仍然留意到她一直將家具在房間之間搬動。比如我初來乍到時，客廳是她彈琴寫字的書房。幾個月後，她將書房搬進了兩間臥室的其中一間。過了不久她又搬到另一間臥室。我離開香港幾年後回來看她時，她已經將書房搬到飯廳了。

這種焦躁不安可以如何解讀呢？嚴謹的心理分析超出了本書範圍，但卻可提供兩種簡單的解釋。首先，不安僅僅是一種天生的性格特質，當她還是小女孩的時候，這種特質已經很明顯了。據沈鑒治說，蔡老師的母親說她有一顆「搖鈴心」，沒完沒了地擺動。其次，可能是她潛意識裏對束縛她大半生的社會環境的反抗。雖然年幼時家人沒有特別嚴厲對待她，但毫無疑問，她的創作天賦被一套將她教養成為好女兒的規矩所壓制。婚後她又要滿足作為媳婦的苛刻規矩，遷出婆家後，她又要當個賢妻良母。雖然從事過不同的工

作，她還沒有幹出一番有成就的事業。事實上，在當時女性要有成就是不容易的。[2] 由於丈夫與兒子要發展他們的事業，她先後跟隨他們在滬港之間遷徙。在西方掀起婦女解放運動之前幾十年，像她這樣有才華，高學識的中國女性，幾乎沒有獨自發揮個人潛能的空間。她可以隨意行使權力的範圍只有自己家裏。[3]

1930 年代初，蔡老師一家三口住在上海西郊的愚園村。她在住家附近，位於憶定盤路（英文名 Edinburgh Road，今江蘇路）的中西女塾（英文名 McTyeire School for Girls）教過幾年書，這是當時上海一所享有盛名，由美國衛理公會創立於 1892 年的女校。她毫不埋怨地回憶道，中西女塾初中部全部由女教師任教，高中部則全為男教師。作為最年輕的教師，她自然被分配到初中一年級。沈鴻來患了傷寒加上併發症，病情嚴重，臥床數月。病癒後一家人認為愚園村是不祥之地，於是遷往祥康里。

他們的新居位於東區大劇院附近，與大街靜安寺路一街之隔。為免長途跋涉，蔡老師辭掉了中西女塾的教職，開始執教於新居附近的允中女子中學，這也是上海一所頂尖的女中。到了入學年齡，鑒治就入讀該校招收男生的小學部。蔡老師在允中女子中學結識了榮寶仁和袁英，三人成為終身好友。榮氏在學校教書兼任舍監，以嚴格和專制聞名。袁氏畢業於復旦大學，當時她雖然任職中央信託局，卻住在該校的宿舍。榮氏與袁氏及袁的丈夫史寶楚和他們的孩子們 1940 年代末移居香港。1950 年蔡老師也定居香港後，三位好友繼續保持緊密聯繫。[4] 榮氏與袁氏於 1977 及 1988 年先後去世。

圖片 12｜三十一歲的蔡德允，1936 年。

在第一次定居香港之前，祥康里的房子是她們一家在上海最後的住處，這裏留有許多美好回憶。一家人與沈鴻來的父親和弟弟同住，他們兩人住在三層樓房的三樓。一樓有寬敞的客廳；如果將家具推靠牆邊時，空間足以讓蔡老師母子溜旱冰和騎自行車，有時候親戚朋友也來玩在一起。蔡老師有一架相當破舊的鋼琴，由於她沒有學過彈琴也不會看樂譜，她隨意在琴上即興演奏。鄰居們聽得入迷，問她在彈什麼。她不得不承認這不是什麼特別的曲子，只是簡單隨意的彈奏。著名作曲家黃自（1904-1938）住在附近，經常過來串門彈琴。蔡老師記得他其貌不揚，卻是個才華橫溢的音樂家。[5] 說

起這個家，她就記得那隻鸚鵡，是她豢養了多年的寵物。當她彈琴時，這隻綠色的鳥兒就會棲息在她身旁，「點頭表示讚賞」。1937年全家移居香港時，她不得不將鸚鵡留在親戚處。至今她還為離棄這個親密朋友深感惋惜。

1927年沈鴻來從美國回到上海後，最初在大同大學講授經濟學。[6]大學教授在社會上廣受尊敬，但他們的薪酬相對較低。為了生活，沈鴻來不得不在南洋中學兼任教職。身兼兩職並不容易，雖然後來他升任大學的院長，但仍入不敷支。1930年代初，國民政府財政部轄下的鹽務局出缺。部門主管朱廷祺恰好是沈父的朋友。因有此關係，沈鴻來離開了學術生涯，從事更高薪的政府工作。

1937年日本皇軍佔領東三省，中國正面臨全面侵略的威脅。國民政府轉進四川內陸城市重慶，並開始將許多部會，包括財政部遷移到那裏。沈鴻來任職的鹽務局也遷往重慶。他從上海迂迴經香港和漢口前往。抵達重慶後不久就接到新的指示，改在香港設立分支辦公室。他以另一條迂迴路線：經過貴州和廣西，到達廣東海南島附近的港口湛江，再乘船前往香港。在香港安頓後，蔡老師母子就從上海乘船到來與他團聚。由於政治和社會局勢混亂，1930至1940年代之間，全家搬到香港的情況並不罕見。簡要概述二十世紀上半葉中國不穩定的內、外局勢，可以為這現象提供適當的背景。

清廷在1911年被推翻後，1912年中華民國建立。新成立的國民黨中央政府軟弱腐敗，全國大部分區域都被地方軍閥控制。1921年

圖片 13 ｜蔡德允、丈夫沈鴻來和兒子鑒治，1936 年。

共產黨成立後迅速擴張，加劇了各地軍閥之間的亂局，並引起了
國、共內戰。至於對外，日本擴張的威脅始於 1894 至 1895 年「甲
午」中日第一次戰爭，1931 年日本全面入侵佔領東三省，完全暴
露了其野心。1937 年 7 月 7 日，日本在這臭名昭著的一天正式發
動了全面侵華戰爭，偷襲北京城郊的盧溝橋（英文名 Marco Polo

Bridge），是為「盧溝橋事變」或「七七事變」。當年年底，日本佔領了中國首都南京，中央政府撤退到內陸山區，最後在重慶建立陪都。1941 年第二次世界大戰的太平洋戰爭爆發，日軍進一步深入中國，又佔領了香港及東南亞的大部分地區。1945 年日本投降，標誌著第二次世界大戰正式結束，其後國、共內戰升級，1949 年中華人民共和國終於成立，國民黨退守台灣島。

由於中國早年的戰敗，使上海受控於西方列強，因此當全國大部分地區陷於政治動盪和軍事混戰期間，上海一直是個相對平靜的孤島。那數十年間，它是中國最國際化與最繁榮的城市，上海人以進取精神和見多識廣著稱。1930 年代，有識見的精英們眼見日寇入侵迫在眉睫。他們有些參加了共產黨的地下工作；有些則跟隨國民黨撤退到重慶；另外一些人則到了受英國殖民統治的香港尋求避難之所。

到了 1930 年代，香港已經發展為英國殖民統治下的大城市。憑藉其戰略地理位置和深水港口，香港成為連接東北和西南航道重要而繁忙的中轉港，從內地帶來了財富和移民；也是中國勞工前往東南亞、澳大利亞和北美洲的中轉站。人口迅速增長，從 1842 年英國最初統治時的一萬五千人增加到 1904 年超過三十三萬人。1937 年達到一百萬，到了 1941 年再增加了六十萬。由於內戰和日軍的侵略，故大量內地移民蜂擁而至這個被視為避風港的地方。[7]

儘管發展迅速，1930 年代的香港與繁榮而成熟的上海相比，仍然

相形見絀。直到 1950 年代，它才開始發展成為今天的大都會。當時主要的商業和住宅區都集中於香港島中區和九龍半島南端。蔡老師一家第一個住所在漢口道的德麟大廈，毗鄰九龍酒店。漢口道由北向南經過三個街口，盡頭處是疏利士巴利道，這條沿東西走向的大道位於九龍半島南端的海旁，這個區域至今都稱為尖沙咀。

他們一家從 1937 至 1942 年居港的五年間，沈鴻來在鹽務局擔任局長的私人英文秘書。蔡老師學會打字後在一家法國銀行任職秘書，而鑒治就讀於聖公會創辦的拔萃男書院。這是一個難忘的時期，因為這個年輕的家庭首次獨立於男女雙方父母，也是因為在 1941年，蔡老師開始向她老師沈草農學琴。[8]

1941 年 12 月 8 日，日軍從北面的內地入侵香港新界，又從海上轟炸香港島南部。12 月 25 日，在幾乎沒有抵抗下，英軍向日本投降，整個香港落入日本人的控制。從 1941 年 12 月至 1945 年 8 月的淪陷期間是香港最艱難的歲月。餓莩遍野，日本人殘暴的統治有據可查，是令人痛心疾首的集體回憶。人口從 1941 年的一百六十萬劇減到日本戰敗時的六十萬。很多人逃到內地，但有些人則受強迫撤離到各地當苦役。蔡氏一家雖然沒有即時危險，但要掙扎求存，至今仍不能擺脫當時的噩夢。蔡老師其中一個不斷的夢魘，是有一次她和兒子鑒治有事出外的經歷。蔡老師回憶道：「我們在回家的路上，有些日軍提著刺刀跟著我們。到家門口時，在日軍監視下我們驚惶失措，無法打開門鎖。最後一刻鑒治終於成功開鎖，我們才能安全進入屋內。」蔡老師說道，那期間她每次外出，都會扮

成蓬頭垢面，衣衫凌亂，避免引起注意。

沈鑒治回憶日佔期間經歷過的恐怖生活：「母親開始學琴後不到幾個月，香港便淪陷了……沈〔草農〕伯伯避亂住在我們家中，大家困處戶內，日夕驚心，古琴成為生活中唯一的調劑。彈琴者全神貫注，忘記了恐懼，聽琴者屏息靜氣，滌淨了雜念，最艱苦的日子就這樣在裊裊琴聲中一天一天渡過，事後想來，如果不是經常浸潤在琴聲中，這段日子真不知如何挨過去呢！」[9]

淪陷的頭幾個月，由於盟軍的轟炸常常停電。琴課是拉上所有窗簾在燭光下上的。蔡老師就是這樣學了《普庵咒》一曲。她還記得，跟沈老師上課時，聽到街外士兵操過的皮靴聲，就立即吹熄蠟燭停止彈奏。

日佔期間，蔡老師一家住在漢口道 5 號，是香港知名人物何東爵士（Sir Robert Hotung）的產業。寬敞的公寓位於九龍酒店馬路對面一棟四層建築的頂層。地面一層是著名俄羅斯餐廳 Tkachinkol。由於他們的房子很大，所以在那可怕的幾個月裏，很多親戚朋友臨時躲了進來。他們都在裏面吃飯，有的睡在客廳的地板上，不敢踏足戶外。沈草農也是住進來的一位。因此琴課就在蔡老師家裏上，這種特別情況，與「禮聞來學，不聞往教」的傳統學習禮節背道而馳。

同時躲在他們家裏的還有蔡老師的哥哥和他的朋友蔣伯誠，他是一位國民政府的地下特工。在抗戰勝利那天，他被任命為蔣介石委員

長駐上海代表，職位比市長還要高。[10] 由於這個位高權重的政治人物的關係，蔡氏一家於 1942 年回到上海時，得以暫時住在蔣氏管控的高檔卡爾頓大廈裏。

香港被佔領前，沈鴻來從鹽政局調任國民政府平準基金委員會（Stabilization Board）的高位。香港淪陷後，國民政府下達要他與一眾高官從香港疏散到重慶，但由於不能攜帶家眷同行而遭他拒絕了，從此失去了工作；一家人只能靠積蓄維生。1942 年過了幾個月，他們花光了積蓄，趁有機會就乘坐日本貨輪離開香港回到上海。那時蔡老師在香港的琴課只上了幾個月。不久之後，沈老師也回到了他的老家上海，他妻子仍在那裏。結果，蔡老師在日本佔領下的上海繼續琴課。

1942 年回到上海時，蔡老師一家三口最初臨時與蔡母住在一起。不久之後，通過蔣伯誠的關係，他們搬進了奢華的卡爾頓大廈。當時上海不斷遭到美國空軍轟炸，卡爾頓大廈是一個特定目標。因此他們開始不斷從一個地方搬到另一個地方。1945 年日本投降後，他們終於搬進了環龍路蘭村兩層高的花園洋房。在這所房子的大客廳裏，沈鴻來每週與一眾票友聚會唱京戲。蔡老師則在二樓另一房間向唱家鄭傳鑒學唱崑曲和學吹曲笛。戰後到中華人民共和國成立前的幾年間，沈鴻來為工業鉅子榮氏家族工作，而蔡老師則在幾家商行擔任文書工作。[11]

1949 年前後，共產黨掌控了中國內地，許多上海工商界人士移居

香港。1950年蔡氏一家也遷居香港。除了1953年到上海省親三個月和1980年代幾度前往東京探望當時在那裏工作的兒子外,蔡老師留在香港半個世紀以上。正是再次定居香港期間,她在文人和琴人圈子裏聲名鵲起,成為一位最傑出的琴人、詩人和書法家。

註

1　按照紀錄，他們婚後住過的大廈和街道（完整地址——如有的話）名稱謹錄如下：
1928 至 1937 年在滬期間：
大安坊
瑞華坊
潤德里
愚園村 19 號
祥康里 41 號
1937 至 1942 年在港期間（尖沙咀區）：
漢口道德麟大廈
漢口道另一街號
漢口道再一街號（49 號 3 樓）1939 年 4 月 1 日至 7 月底
亞士厘道（英文名 Ashley Road）15 號（漢口道以西的一條街）1939 年 8 月
中間道 1 號（與漢口道垂直，今半島酒店後面）
漢口道 16 號
漢口道 5 號
1942 至 1950 年在滬期間：
派克路（英文名 Park Road，今黃河路）卡爾頓大廈（英文名 Carlton Apartments），花
園酒店（英文名 Park Hotel，今國際飯店）後面
愛多亞路（英文名 Edward Road［譯者註：應為 Avenue Edward VII］，今延安東路）
靜安寺路興和里
霞飛路（法文名 Avenue Joffre，今淮海中路）永業大樓
環龍路（今南昌路）蘭村（英文名 Orchid Village）14 號
善鐘路（今常熟路）一所位於三樓的寬敞公寓
惇信路（今武夷路）5 號
1950 至 1970 年在香港期間：
諾士佛臺（英文名 Knutsford Terrace）（尖沙咀區）
日街（灣仔區）
疏利士巴利路（英文名 Salisbury Avenue，今厚福街）（尖沙咀區）
秀竹園道（九龍城區）
嘉林邊道（英文名 Grampian Road）（九龍城區）
天文臺道（尖沙咀區）
界限街 Shu Ying Terrace（九龍城區）［譯者註：Shu Ying Terrace 今已查不到名稱與位
置。］
伯爵街（九龍塘區）
英皇道北角大廈（北角區）

2 直到 1960 年代，她開始教出少數優秀彈琴學生後，才在藝術文化界闖出一個地位。

3 當我向她提及我的詮釋時，她含笑地由衷贊同。

4 無巧不成話，榮寶仁是作者榮鴻曾祖父的妹妹，袁英的大兒子史中一（英文名字 Christopher Shih）是作者從小學到大學的同學，也是終身好友。[原著者加註：我尊稱「太伯伯」的榮寶仁一生未婚，在香港時與袁英、史寶楚一家同住。我早年在香港的那段日子，經常與父母去史家探訪榮寶仁，而蔡老師也經常去史家探訪榮、袁。但是我和蔡老師從未碰過面。]

5 黃自是沈鴻來的遠房表弟，也是他八年清華和兩年歐柏林的同學。沈氏之所以到歐柏林部分原因是出於黃氏。黃自從美國回國後就任上海音樂學院［譯者註：當時尚稱「上海音樂專科學校」］教務主任，可惜他三十四歲就因傷寒英年早逝。他是二十世紀初中國一位最受尊崇的作曲家。

6 榮鴻曾的父親榮大本 1930 年代初在大同大學就讀，他記得老師之中有沈鴻來這個名字。

7 本節的資料主要摘自黃鴻釗《香港近代史》。

8 蔡老師本人記得她於 1938 年開始跟沈草農學琴，使她的生平年表在《蔡德允古琴藝術》光盤唱片小冊子、《德愔琴訊》第三期和其他資料都這樣記載。但是有證據證明應該是在 1941 年。請參閱本書第七章。

9 譯者註：引文來自《德愔琴訊》第三期，頁 4，但作者修正了蔡老師開始學琴的時間。

10 蔣氏的第二任妻子杜麗雲的妹妹杜近芳是 1950 至 1960 年代她同輩中最著名的京劇女演員之一。

11 文書的主要職責是負責書信往來。它要求任職的人能用文言撰寫典雅的書信，並以優美的書法謄寫出來。

第七章 · 拜師學琴

蔡老師非常尊敬她的老師，但也意識到他性格有點古怪而傲慢，偶爾會表現得使她感到苦惱。

蔡德允 1941 年開始學琴，時年三十六歲。但是她記得很久以前，大概在八、九歲的時候就第一次聽琴了。當時湖州旅滬公學的校長要介紹琴樂給孩子們，邀請了一位琴家來向全校學生演奏。雖然蔡老師不知到底是什麼一回事，但這次活動給她留下了印象；她所記得的就是彈琴的人留了長鬍子。

她跟沈草農學琴是很偶然的事：「有一天［1941 年夏］鴻來和我受邀赴鹽政局上司的晚宴。沈草農也是座上客，他剛從上海來到鹽政局的會計部工作。當晚的客人還有著名琴家吳純白，吳氏受邀在餐前為客人彈奏一曲，我記得他彈的是《漁樵問答》，給我留下了深刻印象。沈草農留意到我對彈琴有興趣，就走過來問我，如果喜歡的話可以教我彈琴。我說我很喜歡，但推辭了他。儘管如此，第二天他還是帶了琴到我家準備給我上課。事出突然，我再次婉拒了他。小兒鑒治當時只有十二歲，很有音樂天賦，他對那件樂器很有興趣。於是沈草農就開始教他彈琴，又把他的『虎嘯』琴留下給鑒治練習。幾節課後，我也讓步開始跟沈老師學彈琴。但鑒治不久後卻放棄了。」[1]

幾週之後，曾在晚宴上彈琴的吳純白也想來教蔡老師彈琴，但遭她拒絕了。雖然她最近才認識吳純白，卻不喜歡這個人。況且她已經拜師沈草農，覺得同時再跟另一位老師學習並不恰當。沈、吳兩人都很主動要教她彈琴，只能猜想除了蔡老師的音樂天賦外，他們都欣賞這位優雅的年輕女士、她的文學與藝術修養和她的魅力。不熟悉的外人如此對蔡老師表示好感大概時常發生，她已見怪不怪了。

沈草農 1930 年代已是上海琴界菁英的一員。他主要學琴於裴介卿，也隨查阜西、彭祉卿、張子謙和章梓琴學琴，善於彈奏《平沙落雁》、《秋塞吟》、《漁樵問答》、《梅花三弄》和《普庵咒》等曲目。其他音樂愛好包括崑曲、簫、笛和笙等。此外還習武術、詩詞和醫卜。[2]

今虞琴社 1936 年成立，沈氏是最早社員之一，參加了多次琴社早期的集會。查阜西在其〈幾個琴人的情況〉（1953）一文中提供了沈氏的背景：「自二十歲起歷任鹽務及學校會計方面低級職員、南洋新嘉坡教員，最後於 1933 ［在上海］任銀行科員至今，終生守身安分。舊文學甚好，擅詩詞。」[3]

沈氏最著名的成就，大概也是他最重要的著作，就是與兩位琴友，著名的琴家查阜西和張子謙合寫的《古琴初階》，兩位都是二十世紀的琴界泰斗。這是現代第一本用淺白文字講述如何彈琴的書籍，包括琴的簡史、樂器介紹、指法譜和彈奏技巧說明等，還有七首以減字譜與簡譜對照的曲譜。沈草農是三位作者之一，足以證明他在琴界的地位以及他在教育和學術上的用心。

沈草農是一位有教養的君子，不僅琴學，詩詞和書法都有成就。蔡德允有很多與老師唱和的詩詞，大部分都是 1950 年後兩人在港、滬之間的通信中互相酬唱。1973 年沈氏去世後，留下多卷詩、文親筆手稿，遺言贈給蔡氏。1980 年一位朋友將這些手稿帶到香港交給她，1987 年蔡老師將兩卷詩詞分成兩冊出版，私贈朋友和學

生。一冊是《珍霞閣詩草初稿》；另一冊是《珍霞閣詞稿》。她在兩冊詩、詞稿的跋中寫道：「審其所著作乃一生心血所寄，知者蓋鮮。設任其灰泯燼滅，物隨人亡，即知己亦將忘其謦欬！允丞為吾師古琴弟子，讀吾師之作，如窮子看寶，炫眼生花。爰為影印，以供吾師生前友好欣賞，益分贈允所識琴友以留紀念。」[4]

蔡老師的跋中還詳述沈草農的生平資料：「先生浙之蕭山人，生於一八九一年，卒於一九七三年……吾師擅書法，篆、隸、行、草並皆佳妙，余則僅從之學古琴，閒亦略涉詩餘。吾師鑒於古琴之不能發揚，乃與查阜西、張子謙兩大琴家合編《古琴初階》，為初學者之津筏。夫人陳芸儷女史亦能詩、善崑曲、精治肴，晚年亦愛鼓琴。無子，有女佛花，誕於柔佛，生十餘齡而夭。夫婦相依，時感愴悅。吾師拘謹耿介，晚年轗軻，又多疾病，其快悒之懷，往往見於比興之作，一生經歷，亦多藉詩詞紀敘之。常鼓琴，以舒胸臆，瀟灑有致，自然中節。」[5]

蔡老師 1941 年在香港開始跟沈草農學琴。1942 年初兩人回到上海後，她再到老師家上課。蔡老師詳述了自己學琴的過程：「學時老師據方桌之一端，對窗而坐，方桌靠窗不能移動，故學琴未嘗與老師對彈。老師教琴時先指授數句，祇彈三次，從不多彈，余侍立在側，凝神靜聽每句之音節及指之動向；老師彈罷讓坐，令余試彈，有不合處老師必在旁指點，俟無誤，及再授數句，於試彈無誤後返家練習。如是一而再，再而三，學竟全曲往往須造師門多次。學竟全曲，始令余抄全曲譜歸家練習。

「余將《平沙》彈練純熟，再往師門，彈奏全曲，自覺滿意，以為必得老師讚賞。詎知老師忽然變色，問余為何吟猱[6]都無，余不敢答。老師囑余歸家再練，黯然歸家之後，細加檢點，彈練甚勤，再造師門，彈奏既竟，心猶惴惴，而老師竟和顏首肯。於是更加奮勉，不敢輕心。

「但當時學琴，仍以牢記老師指法、音位及音節為主，彈熟之前，老師並不以未臻完美為忤，迨稍有成績，則令先抄琴曲數句或半段，俾余先自摸索；及全曲嫻熟，然後令抄錄全曲；學琴時看譜聽琴，方得學琴之趣，並於歸家後按譜進一步練習。如是者數年，盡得老師所授。斯時因再度來港定居，不能再學矣。」[7]

據蔡老師憶述，她最先學的幾曲順序是《陽關三疊》、《平沙落雁》和《普庵咒》。這三曲都是在香港所學；其餘的是 1942 年初兩人都回到上海後所學，蔡老師繼續回憶道：「學《平沙》時，老師先彈兩曲不同之版本，問余取捨。余選學《蕉庵》[1868] 譜之《平沙》。[8] 老師悉心教導，余亦勤練不懈。學《普庵》未及半，香港淪陷，斯時因生計維艱，遂舉家去滬，幸得續隨草農老師學琴，並參與今虞琴社雅集。」[9]

沈草農另外只有一名學生，是一位名叫吳漢初的女士。但他顯然對蔡德允情有獨鍾，除了將自己珍貴的「虎嘯」琴留在她家裏供她練習，後來更遺言將琴相贈。蔡老師非常尊敬她的老師，但也意識到他性格有點古怪而傲慢，偶爾會表現得使她感到苦惱。蔡老師回憶

道，他們在香港初相識不久時，有一天，沈老師與其他客人一起到她家裏作客吃晚飯。當他看到「虎嘯」掛在牆上時，就責備她不用功練習，並威脅要把琴帶走。她沒有反駁，但心想老師對自己的批評並不公允，因為「我怎能在滿屋客人的時候練琴呢？」幾年後在上海今虞琴社一次雅集中，沈老師宣布蔡氏將彈一曲《憶故人》。當時他根本知道她還沒學完全曲，所以她拒絕演出。但在老師堅持之下別無選擇，只得從命彈奏，結果不得不在樂曲中途戛然而止。她覺得不完整彈好一曲是丟臉的事，對他頑固地要自己這樣做感到不滿。

蔡老師很欣賞沈草農的書法，她自小就學習書法，但當時還沒學寫她特別喜歡的草書。當她向沈老師提起想開始學寫草書時，沈草農對她說最少要花上一輩子才能學好，而女性無論如何都做不到的。蔡老師感到激憤與委屈，於是開始深入鑽研草書，至今她已是公認行草大家。

她極力反對沈老師抽煙，尤其他彈琴有時口叼一根煙，煙灰掉在琴面上。她認為這樣的姿態舉止粗魯，不能接受，大大冒犯了她的感受。不用說，她唯有把這些感受藏在心底裏。每當她向我談及沈老師的事情而要引述他的說話時，她就會謔笑地模仿他的舉止，扮他傲慢的表情和聲線。

蔡老師描述她學琴以及敘述沈草農對她的態度，顯示了他是一個奉行儒家男女與師生間尊卑關係的固執男性。[10] 她不止一次說道：

圖片14 | 蔡德允與老師沈草農琴簫合奏，1941年。

「我很尊敬我的老師，但他實在是一個很古怪的人。」儘管如此，由於是她的老師，她還是很敬重他，他們之間眾多的詩詞唱和都引證了他們對文學的共同愛好。

蔡氏知道沈老師只在按自己本性做人，在他的友儕中，不但上海的琴友，或早年她丈夫在香港鹽務局的同事，眾所周知他是一個有點古怪的人。但也可估量沈老師在與他同階層、同年齡和同身份的中國男性中並非不典型的人物，民國初年，他們對待婦女及身份低於自己的人，無論學生、下屬或晚輩都顯得傲慢。蔡老師時常受到冒

犯，助長了她對老師的矛盾情緒。

蔡氏又講述了一個沈老師的故事，展現了他令人耳目一新，完全不同的另一面。當時中國的年輕一代學跳西方交際舞是一種令人嚮往的玩意，而上舞廳則是一種時尚。蔡老師回憶 1930 年代末住在香港時有個舞蹈老師潘先生上門教她跳舞。那年代香港有個時髦別緻的麗池舞廳（Ritz），位於香港島南區淺水灣奢華的海灘旁。她記得很多次與丈夫和彈琴老師在內的朋友到麗池去。她憶述道：「沈老師特別擅長探戈，穿著他的傳統長衫在舞池裏來回滑翔。」

蔡老師 1942 年從香港回到上海時第一次見到沈草農的夫人，兩人一見如故。沈太太陳芸僊非常喜歡蔡老師，待她如女兒和妹妹一樣。丈夫教琴時她常坐在蔡老師旁邊，會特別做一些蔡老師喜歡的菜式招待她。又囑咐蔡老師不要稱她「師母」，要稱她為「嫂嫂」，強調他們如家人而非師生的親密關係。1959 年蔡老師在香港時為住在上海的嫂嫂賦一首《戲答草農嫂嫂索輓詩》[11]，反映了他們彼此的愛慕。

聞道未死能先輓　譬如已死知身後
身後親朋我何有　不如珍重期白首
人謂天地大　我謂天地小
海外多友生　不如故人好
故人相交二十年　甜酸苦辣都了了
我若先死故人悲　故人若先我

我更傷懷抱　生死抑何大

爾我且莫道　有生之年且行樂

莫待無生之時天昏地黑　莫知兮莫覺

科學昌明世界新　核子爆炸散死塵

一旦作用遍宇宙　澒洞無昏晨

無秋無夏無冬春　物我皆毀滅

莫知果與因　游魂渺渺聲啾啾

乘風不辨越與秦 [12]　性靈若未泯

會當相逢海之濱　同昇太空摘星辰

蔡老師在香港開始學琴，但是實際上有進展是在她和沈草農 1942 年回到上海繼續上課之後。在上海至 1950 年返回香港前的幾年間，沈草農介紹她認識一些彈琴名家，又參加了今虞琴社的雅集。雅集是文人間交流高雅藝術如琴、詩、書及其他愛好的聚會，在中國有悠久歷史，常在傳記、小說、詩歌和繪畫中描述出來。可以是非正式聚會或成立有正式成員的社團。[13] 傳統雅集只有男性參加，偶爾也會邀請女藝人表演通俗歌樂；而且無醉不歸。

前面提到的今虞琴社就是一個這樣的上海社團，1940 年代定期舉行雅集，蔡老師曾參與其中。琴社包括大上海地區許多琴人，其中有些同時也是書法家、詩人和畫家；他們定期在社員的家裏、茶室、飯館或廟觀中聚會展演高雅藝術。今虞琴社成立於 1936 年 3 月 1 日蘇州的一次雅集。在其正式通告中列出了二十八位始創社員，有二十世紀初最著名的琴家包括查阜西、張子謙、彭祉卿和

沈草農等。1937 年 10 月琴社出版了期刊《今虞琴刊》，提供了當時的社員、活動和曲目等豐富資料。[14] 例如期刊列出大部分來自上海與蘇州地區的全國二百二十四名社員。其中標明一百九十六「男」、二十四「女」和四「僧」。刊物還提到了北京、長沙、太原、揚州和南京等地的琴社。

期刊的編輯彭慶壽［祉卿］在《編後語》中寫道：「今虞琴社創始於民國二十五年（1936）三月。十月而有琴刊徵文之舉。承各地琴人惠賜稿件。截至次年（1937）一月底。裒集已宏。遂以不佞從事編輯。原期於本社成立週年紀念日出版。顧不佞方筆墨為傭。俗務繁瑣。未能專攻其事。一再遷延。時逾半載。至八月中旬。始印成十之八九。尚餘介紹藝文雜錄三篇待校。而淞滬難作。百工停業。不佞倉皇西走。流轉長安。時浦東所居廬舍已墟。原稿散失不可復問。幸已印者存留印局。未遭殃及。又幸社友張君子謙沈君伯重留滬未徙。因檢寄行篋攜來賸稿。屬二君督工踵成之。遂得以二十六年（1937）十月出版。嗟乎。喪亂之餘。救死不瞻。猶抱此區區而弗釋。甯非大愚。然而敵燄方張。文化摧殘日甚。此編獨不隨刧火以俱燼。毋亦作者諸君子精神之所持護。而天之未喪斯文也歟。異日承平可俟。禮樂復興。後之人得此。足資觀感。固宜以吉光片羽珍之矣。而張沈二君一簣之功。則又不啻為不佞補其過焉。書此誌感。並謝知音。」[15]

今虞琴社在 1937 年 8 月日軍入侵上海就停止了活動，三個月後，除了「外國租界」，日軍佔領了整個上海，「外國租界」成為難民

島，為在日本人的壓迫和蹂躪之下的居民提供了安全庇護之所。許多琴家聚集於此，在張子謙、沈草農和吳景略等人的努力下，琴社於 1938 年 8 月恢復了活動。張子謙所著十卷的《操縵瑣記》在他逝世後，[16] 於 2005 年出版。《操縵瑣記》是 1938 至 1960 年代初古琴活動的日記，記錄了那段特定的時間和地點，提供了琴人及其活動罕有而珍貴的資料。

數天一次的日記記載了張氏和朋友的彈琴聚會及其他與琴相關的活動。紀錄的次數顯然與季節有關：如農曆新年等假期因為琴人都忙於家事，紀錄就較少。7、8 月間由於天氣炎熱關係，紀錄也減少了。張氏記錄了 1945 年 3 月，由於政治和軍事局勢緊張，大家對彈琴都感到興致索然。他本人也就離開上海回到家鄉揚州。1946 年 3 月他返回上海之後，琴會又恢復了活動。

整體來說，日記顯示了小撮琴人定期每週的星集，每月的月集及臨時的小集；他們通過打譜發掘新作品，彈奏舊曲目及諸如賦詩、寫字、唱琴歌、唱崑曲及舞劍等各種相關藝事。這些聚會幾乎總在飯館或某人家裏，活動結束後必然用餐。有些日記提到公開表演和錄音供電台廣播；還有少數提到有琴可出讓及如何鑒定和試彈，以決定是否值得購買。日記還紀錄了誰人來到了上海，誰人離開後又再回來。大部分內容都是簡潔的日常活動，總體卻構成一幅描繪一小撮琴人和朋友浸淫在自己的音樂和友誼世界的豐富圖像。雖然他們都各有家庭和與琴無關的工作，但日記中對此卻幾乎隻字不提。日記除了上面的內容外，極少提及那幾十年間這座城市週遭的政治和

社會劇變洪流。

日記提供了蔡德允和沈草農的具體信息，例如 1941 年 4 月 4 日的日記顯示：「聞草農已於日前赴港……」[17] 1941 年 10 月 29 日的另一則是：「景略來電話云：草農來信，囑為其友人買琴帶港。晚去商定覓得一床尚可用，即託人帶去。」對照後來的日記，這個「友人」肯定是蔡德允。第二年的 3 月 1 日的日記寫道：「知守之來訪，留字言，草農、肅亮已由港回。」其後兩天又說道：「晚抽暇往訪草農，談別後事約二小時。聞在港時得女弟子沈女士，三四月間已能彈四五曲，頗思一見。」

由於蔡老師的回憶有誤，這些日記釐清了蔡老師跟沈草農學琴的時間問題。蔡老師自己寫道：「回溯『三十年代』在港學琴之初」，[18] 但是日記表明沈草農是在 1941 年春才從上海抵達香港，而蔡老師在當年冬天開始跟沈草農學琴，他們兩人在 1942 年 3 月回到上海時，沈氏對張子謙說他的學生沈女士學琴僅僅「三、四月間。」

張子謙與蔡德允第一次會面於 1942 年 3 月 22 日的雅集上，日記寫道：「沈女士學琴不過數月，板拍甚準，指法穩定，殊不可多得！奏數曲均甚佳。」

從 1942 到 1950 年間蔡老師離開上海為止，日記無數次提到沈草農和其他琴人，表明他們常常見面和彈琴，但卻很少提及蔡老師。翻閱日記，除了前面引用的條文外，還發現了八則與蔡老師有關的紀錄：

－1943 年 10 月 24 日：「早訪草農，見沈太太新購琴，聲甚宏，微嫌空，為重上絃，奏三曲歸，已近午。」

－1943 年 12 月 12 日：「午後赴星集。[孫] 克仁、[孫] 裕德、[謝] 孝苹、文慧、顯欽、沈太太公餞 [周] 孝芬，邀草農、[李] 明德、葉 [大密] 先生及余作陪。故到社均甚早，彈琴舞劍、歌《陽關》，頗歡洽。孝芬攜來 [查] 阜西致伊一長函，述重慶各琴人狀況極詳。尤以知徐文鏡消息為最快慰。餐後縱八時。閒話至十時許，始散。」

－1947 年 9 月 21 日：「蔡德允邀余及 [吳] 景略、[莊] 劍丞、草農等作琴集，四時往，晚備盛饌，大快朵頤。彈琴後主人歌崑曲數折，十時許始盡歡而散。」

－1947 年 10 月 31 日：「劍丞弟子吳政，邀阜西、[吳] 振平、[梁] 在平、草農夫婦、蔡德允、劍丞及余在其寓宴集彈琴。極歡。十一時散。」

－1948 年 2 月 23 日：「草農夫婦偕蔡德允來試我新琴，咸滿意『驚濤』一床。草農為其友人商出讓『柳州』，姑任其攜去試音再議。互彈四五曲，晚餐後始去。」

－1948 年 3 月 4 日：「邀景略來寓晚餐。草農、裕德、振平、[吳] 宗漢、[徐] 立蓀、頌方、劍丞、蔡德允、草農夫人作陪。阜西雖

來申，以要事未能來，頗以為悵。合奏獨奏十餘曲，殊為盡興，十時後始散。」

－1948 年 7 月 18 日：「午後偕劍丞往周家花園星集。到草農、振平、裕德、文慧、〔樊〕伯炎、沈太太蔡德允。彈琴遊園，天氣甚佳，極為舒適。七時許陸續散去，僅余及振平、劍丞邀朱元振在青年館晚餐，九時歸。」

－1950 年 6 月 3 日：「聞草農病已一週，公畢往存問，遇蔡德允談一時餘，即歸。」

值得留意的是，與其他琴家相比，1940 年代初期蔡德允的名字在日記中出現不多。可能是她還是個初學者，很多雅集都不受邀請或沒有參加；或者即使參加了，她的名字也未受張子謙重視而忽略了。1947 年以後，她的名字次數出現多了。不過與吳景略、沈草農及圈子內的其他朋友相比，蔡老師顯然仍然是個局外人。

張子謙在日記中提及蔡德允的方式也顯示了她的邊緣地位。他的琴友都以名字相稱：一般稱吳景略為「景略」，稱沈草農為「草農」等等。但是認識多年的蔡德允仍被稱為「蔡德允」而非「德允」。有時還正式稱她為「沈太太」。相對於張氏稱呼新相識的梁在平可見其反差，[19] 1947 年 6 月 3 日的日記寫道：「阜西介紹梁在平君來寓彈琴，梁君從學於史蔭美及張友鶴。彈《平沙》一曲，指法甚佳。」三天後的下一則日記寫道：「午後振平、景略、阜西、在平

來寓小集⋯⋯。」這明明是張氏與梁在平第二次見面,但已經稱他「在平」了。

1940 年代末,蔡老師肯定已經是一位甚有成績的琴人了,但她仍然不是「德允」。其中一個原因可能是她身為沈草農的學生,因為張子謙偶爾會提到某某人學生的名字,但這些名字在琴會紀錄中很少再出現,大概已包括在「及其他人」之中。不過,處於邊緣地位的主要原因很可能是她身為女性,這在全男性琴人圈子並不意外。類似的例子還有本身就是琴人的沈草農夫人陳芸僊,她在日記中要不是「草農夫婦」(見 1947 年 10 月 31 日的日記),就是「草農夫人」(見 1948 年 3 月 4 日的日記)。吳景略的夫人也如是。其他一些女性也被稱為某女士或某夫人,她們本人的名字很少會出現。因此日記中與其說是將蔡德允邊緣化,不如說是男性主導了琴會雅集和一貫的男女尊卑問題。

雖然她受到的待遇與男性明顯不同,但蔡老師仍然愉快地懷念她與今虞琴社的交往,還回想起她在自己蘭村寬敞的家中主持過幾次雅集,[20] 那時候她結交了許多彈琴名家如吳景略和張子謙。她還記得樊伯炎,除彈琴還擅長於吹洞簫與琴合奏,以及吹曲笛為崑曲伴奏。她特別記得見過一位名詩人趙叔孺,在一次雅集中他吟了一首詩。蔡老師對他非常欽佩,所以馬上和了他的詩,同樣受到他的欣賞,在請准之下趙氏遍讀了蔡老師所寫的詩詞。由於佩服趙的詩才,所以蔡老師想拜他為師。見面不久後,趙氏回訪她致意。令蔡老師至今還是深感遺憾的,是在那次會面後不久,他就去世了。

註

1　根據她向作者的敘述，這與沈鑒治的記述略有不同。後者參見《德愔琴訊》第三期，頁 4。

2　參見《今虞琴刊》頁 259。

3　查阜西〈幾個琴人的情況〉（1953），載查阜西《查阜西琴學文萃》頁 29。

4　見沈草農《珍霞閣詩草初稿》與《珍霞閣詞稿》〈跋〉。

5　2002 年，琴家龔一在上海地攤市場見到四本舊相冊，從一些照片中認出蔡老師及其家人。他買了這些相冊送給蔡老師，蔡老師認出這些相冊屬於沈草農之物。相冊全面記錄了沈草農的生活。可能是「文化大革命」期間被紅衛兵從沈家抄走，最終流入了地攤市場。

6　吟和猱是左手的特殊指法。

7　蔡德允《愔愔室琴譜》〈自序〉。

8　後來她還學了另一個傳自沈草農的老師裴介卿的版本。

9　蔡德允《愔愔室琴譜》〈自序〉。

10　沈草農亦將自己的家世職業歸入「儒」類。參見《今虞琴刊》頁 246。

11　蔡德允《愔愔室詩詞文稿》頁 144-145。輓詩是一種專門寫來悼念死者的詩歌。

12　越和秦是分別位於當今浙江和陝西省的兩個古國，由於一個位於東南而另一個位於西北邊陲，處於當時文明世界的兩端，後代騷人墨客常常將兩者視為遙遙相望，彼此分隔的人物或地域。

13　記錄雅集的最早文獻之一是著名書法家王羲之（321-379）寫於 353 年的《蘭亭集序》。由於王羲之精湛的書法，這篇文章成為所有學習書法者臨摹的字帖範本。因此其內容也廣為人知，並流傳後世。序言短短的三百二十四字記錄了蘭亭週遭的自然美景，聚會的歡愉，與會者的賦詩，並慨嘆瞬息即逝的時光。

14　本來計劃是定期刊物，但第二期在 1996 年才出版，以紀念琴社成立六十週年。

15　《今虞琴刊》頁 336。

16　譯者註：張子謙於 1991 年去世，享年九十二歲。

17　張子謙在日記所指的日和月用農曆，而年份用公曆。

18　蔡德允《愔愔室琴譜》〈自序〉。

19　梁在平後來成為台灣最傑出的琴、箏演奏家，並培養了許多學生。

20　張子謙在日記提到過一次在蔡老師家中這樣的雅集。

第八章 · 琴詩書畫雅集

蔡德允很快就參與這個群體，並經常出席他們的雅集，成為其中一位最受尊崇的詩、書、琴家。

1949 年，沈鑒治畢業於上海著名的聖約翰大學，獲得經濟學學位。他抗拒共產管治，且看不到自己想要的前途，於是離開上海前往香港，口袋裏只有一張以前在香港生活時，家裏留下的五港元鈔票。到埗後，他拜訪了一位在香港島灣仔區經營一家小商店的父親朋友。這位朋友馬上僱用了他，給他一張行軍床，讓他在商店裏有個睡覺的地方。雖然不大愜意，但是總算有了個新家，可以平安地安頓了下來。過了不久，在 1950 年他父母就來港與他團聚了。像許多南遷的上海旅居者一樣，蔡德允和沈鴻來在此建立了一個新家，四十五歲的蔡老師，在這裏開始了她的下半生。

香港命運的大起大落幾乎完全受制於外部局勢：國共內戰、日本侵略和英國殖民統治。第二次世界大戰結束後，受殖民統治之地恢復和平，香港人回到了這個飽受戰爭蹂躪的城市；但第二次內戰隨即席捲內地，共產黨的統治迫在眉睫。從 1945 年開始，到 1949 年中華人民共和國成立，以至 1950 至 1960 年代多番的政治運動和苦難，內地居民及其財富資源幾次大量湧入香港。根據人口普查數據，1947 年底香港人口迅速增至一百八十萬，到 1961 年已超過三百萬，1971 年更達四百萬。[1] 1950 年代初的朝鮮戰爭及 1960 至 1970 年代的越南戰爭也助長了香港的發展。但社會學家黃紹倫指出，香港從 1950 年代以來的經濟發展很大程度裨益於上海移民，他們把財富資源、工業知識以及創業精神帶進當時工商業還是一潭死水，受英國殖民統治的香港。無獨有偶，蔡氏一家滬港之間的三遷——1937 年南遷、1942 年北返和 1950 年再度南遷——反映了由中國當時的內、外動亂所導致的普遍遷徙模式。

圖片 15 ｜ 蔡德允、丈夫沈鴻來和兒子鑒治（中），1950 年。

1950 年，沈鴻來到香港後任職於華僑保險公司。夫婦兩人首先暫時住在尖沙咀區諾士佛臺，不久就搬到鄰近兒子工作和生活的灣仔區日街。大約一年後，沈鑒治加入了有線廣播電台「麗的呼聲」，這家電台正計劃在香港開辦有線電視，所以僱用了他。[2] 於是一家人首先搬到了疏利士巴利路（在尖沙咀區加連威老道旁邊）的一間公寓，隨後又搬到九龍城區秀竹園道一間相當大的公寓，靠近沈鑒治當兼職編劇的長城和新新電影製片廠。幾年後沈鑒治婚後自己置家。[3] 蔡老師夫婦 1970 年在香港島北角區英皇道的公寓安頓下來之前，還搬過幾次家。

1953 年底蔡老師短暫回到上海探望母親（蔡母 1957 年 4 月 29 日去世，享年八十五歲）。由於新政府起初不發回港的出境簽證給她，使她心理上飽受創傷。雖然她最終在 1954 年初得以離開，但親身經歷了新政府無所適從的官僚主義和偏激的意識形態，她徹底放棄了以後再回家鄉的期盼。

那次旅程她拜訪了許多 1940 年代相識的琴友。張子謙的日記有兩則提到她：

－1954 年 1 月 7 日：[4]「午後得草農電話云。蔡德允在其寓邀我往彈琴。……德允意在研究《龍翔》，[自她 1953 年底回滬以來]習三四遍。節奏大概已具規模。再研究一二次即可矣。」

－1954 年 3 月 4 日：「近午便道訪草農，遇德允堅囑彈《龍翔》一曲。」

雖然蔡老師顯然參加了那幾個月間張子謙在日記中提過的幾次雅集，但日記中並沒有提到她的名字。值得注意的是，可能因為蔡老師曾跟他上過幾次課，張子謙第一次將她稱為「德允」，顯示了兩人之間關係的微妙變化。那段期間很多人有興趣跟張子謙學彈《龍翔操》，有幾則日記提到五、六位琴人一起集體跟張氏學習該曲。

蔡老師回港後，1956 年在香港《華僑日報》發表了一篇短文回憶道：「一九五三年余返滬省親數月，吾師（沈草農）與其夫人輒於

星期日伴余至今虞琴社聽社中諸君子雅奏，往往樂而忘返。今虞琴社中以常熟派吳景略先生彈奏最為悅耳，琴藝超特，指法純熟，授徒亦最多；而研究音律最精者，則有吳振平先生，卓然邁眾；廣陵派張子謙先生，則閒雅和平，律嚴音正，其《龍翔》一操，尤擅勝場，社中同好，多從之學。一九五四年春，余復來港，離滬之夕，依依不忍遽別。諸琴友語余曰：港上不乏琴人，日後或能相遇，不愁無聽琴去處也。」[5]

1950 年代初期香港與上海相比，不但金融方面，無論雅、俗文化各領域都相對落後。不過，由上海以至各地到來的移民中，除了工業家和企業家之外，還有作家、畫家、音樂家、電影製片人、演員和其他藝術家。比如香港早期電影工業幾乎完全由北方人掌控，很多都來自上海。雖然香港是一個說粵語的城市，但他們沿襲了上海建立起來的傳統，所有電影都用國語拍攝。這些外來藝術家自成一個小圈子，定期聚會，分享他們的文藝成果。就如 1949 年從蘇州到港的畫家周士心寫道：「一九四九年以後，南來的人愈來愈多，大家聚集在香港這塊暫時的安樂土上，那兒香花野草，紛然雜陳。日子久了，氣味相投的文化人，猶如涸澈之鮒，相噓以濕，彼此照顧，倒也出現了腳踏實地，從頭做起、互助合作的真誠友誼。」[6]

很多北方人常常感到離鄉別井，人地生疏，被迫留在一個自己不喜歡的地方。從事文學藝術創作的人這種感受尤深，他們認為香港是一個文化邊區，甚至是荒漠。因此尋求有個同聲同氣、共享家鄉飲食、交流藝術、彼此互相慰藉的聚會就不足為奇了。他們認為廣東

的民風粗魯而沒教養，廣東人講話聲大氣粗，甚至連亞熱帶的氣候和茂密的植物也令人厭倦。周士心將外地人比喻為離開水的魚頗為貼切。

在這個聚會群體中，徐文鏡為最受尊崇之一員。徐氏原籍浙江臨海，主要在杭州、上海和南京讀書與工作。1939 年他因日本入侵長江三角洲地區而逃難到港。他的夫人未能適應香港生活，不久後就北返故鄉。徐氏卻留了下來，終生獻身於藝術。他多才多藝，以詩、書、琴聞名。此外他還是印泥製作專家，所製作的高品質「紫泥山館印泥」是書畫家追求的珍品。他在藝壇異常活躍，每逢出席書畫展覽就帶同秘製的印泥供大家採用。1950 年代初他已經譽滿客居此地的文藝界，但他卻安貧樂道。

畫家周士心所以認識徐文鏡，是因為他在朋友家裏偶然發現一本徐氏自己裝裱的雜錦詩書畫冊頁。周氏表示對作品非常欣賞，他的朋友王植波就在家中安排了一頓晚宴，介紹兩人見面相識。周氏記道：「我與徐翁年齡相距三十歲，植波還小我兩歲，但彼此皆是研究金石書畫，興趣一致，從此訂交，並展開了以後的種種活動。」[7]

周氏記述他和一些文友拜訪徐氏，可能就是香港最早的雅集記載：「大概在一九五二年初夏［我們］一起造訪紫泥山館。……九龍城內湫溢的小巷，路面崎嶇陰暗，牆角有些道友正在尋仙。轉彎抹角，……找到徐翁寓所。……房子是石牛所砌，四周有些竹樹雜

圖片 16 ｜ 蔡德允林下彈琴，1950 年代。

花，還算清淨。徐宅門口掛着丁亥春日王福庵氏所書『紫泥山館』
篆文木雕嵌綠招牌，顯得十分書卷氣。那天徐翁備了茶點，地方雅
潔，靠窗有一書桌，我們在此繪畫、寫字、作詩，內進方桌則由琴
友彈琴。牆上懸着自畫松石、墨竹。有一幅徐畫由張紉詩題詩，她
的字寫得很娟秀，據說張是紫泥山館的常客，一做詩，就不能停，
一下子幾十首，像江湖之水順流而下。在這期間徐畫張題的作品很
多，法繪佳詩，稱為聯璧。此外還有前荷蘭駐日本東京大使漢學家
琴友高羅佩（R. H. van Gulik）所贈給他親書的對聯和橫幅，寫的是
『芝蘭之室』四字（高羅佩曾著《嵇康和他的琴賦》一書）。徐翁是

日彈琴、寫字、拉二胡、又畫蘭花，是少有的高興。」[8]

蔡德允很快就參與這個群體，並經常出席他們的雅集，成為其中一位最受尊崇的詩、書、琴家。1956 年 1 月 13 日，她在《華僑日報》報導了幾個月前在志蓮淨苑舉行的一場雅集：「十月十六日，徐文鏡、蕭立聲、冼茗牕、周士心諸先生復有雅集於志蓮淨苑，邀余赴會。而盛獻三、吳因明、楊盤庚、呂振原諸先生亦與焉。苑內備有茶果及素齋。諸人據桌敘談，歡樂逾恆。蕭、周、吳即席揮毫，合作《歲寒三友圖》，清俊無比。能鼓琴者，則相率彈奏《洞天》、《漁樵》、《平沙》、《秋塞》諸操。興會無窮。呂君復彈琵琶多曲，美妙入化。」[9]

她在 1956 年又寫了一篇《紀志蓮禪院雅集》，記錄了另一次志蓮淨苑雅集：「四月之杪，徐文鏡氏以書抵余，謂五月廿三日約得琴人吳純翁，作志蓮淨苑之游，願余亦能參加云。徐精繪事，擅詩詞，尤喜古琴，余亦嗜琴若命，聞有雅集，無不樂從，故雖為暑所困，仍於是日賈勇赴約。沿途火繖高張，揮汗如雨，迨抵禪院，竟不暇領略風景，憊欲坐渴思飲矣。徐已先在，並有名畫家詩人若蔡佩珠、陳璇珍、張紉詩、蕭立聲、周士心及劉春草、彭子琴伉儷等，均一一相見。以余庸碌，逢斯勝會，樂乃無已，頓忘辛苦，且心儀羣賢，不覺相見恨晚。座間徐氏談笑風生，尤足令人解頤。待茶熟琴張，先攝影，然後靜坐鼓琴。吳純白彈《普庵咒》，徐文鏡彈《平沙落雁》，吳因明、呂振原皆各有所奏，余亦濫竽其間。在座畫家，並為寫彈琴圖若干幅。琴罷，共進茶點，復由李普生為彈

琴者——攝影留念。蔡、周、蕭、劉諸畫家則即席揮毫，合作雅集圖，而畫者凝神之態，與夫觀者欣賞之狀，亦皆收入攝影機中。圖未竟，香積廚中端送晚齋至，乃團坐聚餐，共據兩席。善飲者遞盞低酌，不飲者先登飯顆，佳肴紛陳，杯盤狼藉。食後，盞茶溫馨，隨意談笑，志暢神怡，樂不思返。俄而夕陽啣山，飛鳥投林，乃相與收拾丹青，囊琴歸去。斯時薰風微動，暑氣稍減，禪院門外，有小橋流水，曲徑幽篁，為景殊佳，深信畫人詩人，必有佳作，記此雅集也。」[10]

除了書畫和彈琴外，詩人又即席吟詠，其他詩人也常常即席「唱和」新詠。唱崑曲是另一項最受歡迎的節目，且有人吹笛伴奏。蔡德允記得五、六十年代參加雅集的常客有饒宗頤、盛獻三、吳宗漢，王憶慈伉儷、姚克，吳雯伉儷、趙鶴琴、蕭立聲、宋心冷、徐亮之、張佩嘉、易君左、張碧寒、莊一邨和容思澤等。有學者、有職業或業餘作家、詩人、畫家、書法家、琴家和崑曲唱家。她還記得任職《華僑日報》文化版編輯的記者黃嗇名常來參加聚會，雖然他從來沒有文藝創作，但他在第二天報紙上就報導了這些活動。如果有新的詩作，他就會當場抄下並在第二天刊出。

志蓮淨苑因其環境而成為雅集的首選，位於新界屯門市鎮附近海邊的青山酒店，因為遠離塵囂亦成為另一個聚會的佳選，[11] 有些由個人做東道主的聚會就在他們家中舉行；蔡老師也在她家裏主持過多次。畫家周士心記錄了1957年一個私人家中的雅集：「丁酉新正初四日（1957年2月），假茶果嶺蕭氏雲台有琴畫之會，余特邀

約子深先生及其女公子浣蕙、王季遷鄭元素伉儷與焉。同遊者有此間古典音樂家藝術家徐文鏡、盛獻三、呂振原、王植波、翁木蘭、吳因明、陳璇珍、冼茗牕、梁藥山、唐遵之、劉望雲、羅雲亭、蕭雲庵、莊一邨、蕭立聲等共二十人，承主人蕭雲庵氏設宴招待，聆聽古樂，欣賞園藝及其雕塑藝術，暢飲於海添樓，酒酣為主人合寫《雲台春色圖》，盡日歡娛，夜深始歸。」[12]

周氏的回憶文章繼續報導另一個私人家中雅集：「是月初十，冷香仙館乃有再作雅集之舉，戲劇家姚克吳雯伉儷及王季遷鄭元素伉儷為此次雅集主人。諸文友則倩余轉為邀約，襄成其事。姚夫人之曲盡高誼，款待備至。諸友各適其適，幾無作客之感，既有吟詠翰墨之樂，又有絲竹管絃之盛，佳日良辰，洵可樂也！是日到有古典音樂家吳純白、徐文鏡、蔡德允、盛獻三、呂振原、吳因明、馮德明，教授饒宗頤、楊宗瀚、曾克耑，詩人趙叔雍、宋心冷，作家柳存仁、黃嗇名，畫家趙鶴琴、張碧寒、吳浣蕙、蕭立聲、莊一邨、程白真，票友章遏雲、鄭元素、虞兆興，閨秀王寶琦、鄭桂生、鄭貴泉、陸馨如等賓主三十一人。當場演奏節目十二項，計有呂振原古琴《陽關三疊》，吳因明古琴《良宵引》，蔡德允古琴《梅花三弄》，盛獻三古琴《洞天春曉》，吳純白古琴《漁樵問答》，徐文鏡古琴《平沙落雁》，蔡德允呂振原古琴雙彈《普庵咒》，盛獻三古箏《小桃紅》，馮德明琵琶《春江花月夜》，呂振原琵琶《陽春白雪》，又《塞上曲》。蔡德允、鄭元素崑曲《琴挑》，由呂振原伴奏等各顯所長，嘆為聽止。畫家則於酒後創作，繪成長卷，計王寶琦墨牡丹、蕭立聲蒼松、程白真梅花、吳浣蕙春蘭、莊一邨晴

竹、余〔周士心〕仿白陽筆法寫墨菊、王季遷百合、吳因明飛白竹、張碧寒壽石、趙鶴琴綠竹、徐文鏡雖病目，亦寫墨蘭一枝，法度老到，不可多得。雅集自三時起至午夜至，皆大歡喜，將歸，尚未願遽然言別，此足言興會之佳，翌日復接宋心冷、徐文鏡、蔡德允諸詞長所填《沁園春》、《滿庭芳》等詩詞，亦係記其事者，則吾文之不能盡述者，諸詞人言之矣。是為記。」[13]

迄今為止最大型的雅集 1957 年 4 月也在志蓮淨苑舉行，由徐文鏡、周士心、趙鶴琴和吳因明主持。周士心有詳盡的記載，[14] 列出了將近六十人的所有出席者，包括了蔡德允夫婦。計有校長、教授、詩書畫家、歌唱家、音樂家、作家、鑑藏家、票友以及閨秀名媛等。很多書畫家帶來了自己的書畫作品，掛在庵堂四壁。蔡老師帶來了她的書法《滿庭芳——紀丁酉新春冷香山館雅集》詞卷軸，是她記述兩個月前雅集的填詞。[15] 還有人帶來了名家書畫卷軸，包括著名學者王國維（1877-1927）的手抄詩稿、北京故宮博物院所藏漢印百方之拓本、北宋雷峰塔藏經以及趙叔孺花鳥兩軸等。[16] 周氏將之描述為「林林總總，大有可觀，這算是這次雅集的前奏。」[17]

藝術欣賞過後就是音樂演出。周士心將所有節目記錄，值得引述如下：[18]

– 吳純白古琴《普庵咒》
– 呂振原古琴《漁樵問答》
– 盛獻三古琴《洞天春曉》

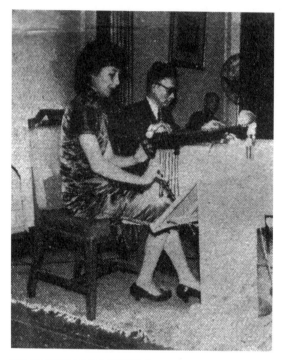

圖片 17 | 蔡德允與徐文鏡琴簫合奏，1959 年。

– 蔡德允古琴《空山憶故人》

– 徐文鏡古琴《鷗鷺忘機》

– 吳因明古琴《平沙落雁》

– 呂振原琵琶《霸王卸甲》及《青蓮樂府》

– 鄭元素崑曲《驚夢》、《刺虎》，呂振原伴奏

– 蔡德允崑曲《琴挑》，呂振原伴奏

– 黃美露女高音獨唱《陽關三疊》及《鳳求凰》，呂振原伴奏

周氏寫道：「像這樣份量的音樂演奏，莫說海外，即是以前國內，亦是難得。從前樂壇名手，散處四方，要邀請在一起，交通遠阻，談何容易。而今各人避難南下，因緣際會，卻能聚首一堂，亦是異數。」[19]

蔡老師有一些詩詞的短序中生動地描寫了這些雅集的賦詩活動。例如她提到 1958 年 1 月 16 日的雅集時寫道：「戊戌年（1958）正月十六日香港筆會在淺水灣余東旋別墅雅集，易君左先生有《青玉案》詞，屬我和之。易詞用方回韻而不叶四字對句韻，我亦依之。」[20]

另一篇詩的短序為記述另一次活動：「己亥（1959）中秋後三日，雅集沙田梅苑，蕭立聲、張碧寒、吳因明等合作一圖，以贈梅苑主人馬璧魂。徐文鏡成七絕一首，屬余題畫上，余亦率成五言一絕題上。一時興到，不知藏拙，為可羞也！

「峭壁入雲天　秋花向晚妍
我來君亦在　相對看飛泉（蓋寫畫意也）」[21]

後來，為回覆北京的中國藝術研究院音樂研究所琴友王迪的要求，報告有關香港的彈琴活動，蔡老師 1987 年寫了一個全面而詳細的材料，[22] 包括早年許多雅集。例如她提到 1956 年舉行了三次雅集，1957 年三次，1958 年一次，1959 年兩次，1960 年一次，1961年三次，1963 和 1964 年各一次。此外周士心也提到 1950 年代早期至中期的幾次，其中一些是正式演出的音樂會；其他則如上述非

正式的聚會。音樂會在香港大學、新亞書院、培正中學和循道中學（英文名 Methodist College）的禮堂舉行；非正式聚會在沙田的萬佛寺、九龍鑽石山的志蓮淨苑和私人家中舉行。

例如 1958 年 12 月 13 日在九龍培正中學禮堂舉行了一場由香港浸會學院（今香港浸會大學）主辦的公開音樂會。主題為「中國古典戲曲音樂欣賞會」。[23] 樂器演奏包括蔡老師的琴與簫及其他音樂家的琵琶、古箏、二胡和簫等獨奏與不同的合奏。聲樂部分有蔡老師和其他人唱崑曲及元朝雜劇和京劇。[24]

1950 至 1960 年代的雅集活動中少了一位著名琴家的名字盧家炳，他顯然沒有參加這些活動。盧家炳 1896 年 2 月 22 日出生於廣州，第二次世界大戰結束後定居香港。他畢業於嶺南大學，[25] 是一名英語教師、辦學的人、鄉官，也是一位道長；寫過幾本道教著作，並有自己的道場。[26] 從一首詩的序言可知道蔡老師認識他：[27]「寫於壬寅（1962）三月三日與饒君往屏山盧府彈琴歸」[28]。「盧府」指盧家炳的住家，他住在新界元朗附近的屏山村，在那幾十年間，這是「新界的群山和農田」[29] 中的一個小村落。盧家炳是一位香港有名的琴家和古琴藏家。

另一位在香港生活了數十年，較年輕的著名琴家，至今仍然彈琴的容思澤，出生於 1931 年。[30] 他的祖先是東北黑龍江的滿洲人，十九世紀初期曾祖父全家移居廣東省番禺縣，他 1950 年遷居香港。容氏家族幾代人都彈琴，其琴藝在家族中代代相傳。例如容思

圖片 18 ｜蔡德允演奏，約 1960 年代。

澤的老師是他父親容心言，而他自己的學生只有兒子容克智和女兒
容秀英。他與蔡德允相識數十年，並曾登門拜訪她。

蔡老師肯定在 1962 年就認識盧家炳了，但不知道盧氏與容氏家族
這些著名琴家為什麼都沒有參加雅集。[31]

最合理的解釋如本章前面所說：這些都是北方文人之間半公開交流
高雅藝術的聚會，他們要就是不邀請本地人，若邀請本地人，諸
如盧氏與容氏一般也不會參加。南、北之間確實存在文化鴻溝，
更不用說語言的隔閡了。即如蔡老師就從來沒學會過流利一點的
廣東話。

1964 年 8 月 5 日，一個為推廣古琴和其他中樂的團體「新亞國樂
會」正式成立，主要是由雅集活動所促成。蔡德允應邀成為該會

第一任古琴導師。[32] 這是她首次正式公開「教琴」，而她只是「勉強」地接受。[33] 第一期有八名學生。她寫道：「當時因古琴不敷應用，除向友好借用外，並向蔡福記樂器廠定購。該廠廠主蔡昌壽先生……當時出品雖不精良，但遠勝國內輸港之古琴，並無岳山太高或徽位不準之病。」[34]

整個 1960 年代以至往後的幾十年間，雅集與偶然的公開表演主要都是蔡老師和她的學生推動。根據她對這些場合的詳細記錄，可能有意模仿 1930 年代上海的做法，各種彈琴方式都有，就如 1937 年今虞琴社所記載一樣。例如節奏較為平穩的曲目如《普庵咒》和《梅花三弄》，會由兩個或更多人齊奏，偶然還配以中胡。有時用與琴聲一樣柔和的簫與琴合奏，主要是齊奏。當有人唱歌時，會彈唱一些有附有詩意歌詞的曲目如《古怨》和《慨古引》等。

蔡德允到港後的短短幾年間，她的琴、書和詩詞在她文藝界的朋友圈中已廣為人知。蔡老師二哥的一位朋友，原籍上海的電影製片人袁仰安請她為他 1950 年代初的兩部電影彈琴配樂，就是《孽海花》（*The Torn Lily*）[35] 和《絕代佳人》（*The Incomparable Beauty*）[36]。如前所述，袁仰安還邀請蔡老師以她秀麗的書法為幾部電影題寫片頭字幕。前面提到徐文鏡出版自己的詩集《西湖百憶》時，請蔡老師抄寫全書，並附識云：「予以目眚不能自寫，因乞蔡德允女士書之，女士邃學善琴，書法娟美，直逼晉唐，詞追兩宋，而神韻尤超。以女士之清才絕藝，不以拙句為俚，而樂為之書，湖山之靈也；余詩不足傳，得女士之書而傳焉，湖山之幸也。」[37]

註

1　這些人口普查數據整理自黃鴻釗《香港近代史》。

2　麗的呼聲（香港）有限公司（Rediffusion［HK］Ltd）於 1957 年 4 月正式增加了稱為「麗的映聲」（WiredVision）的雙語有線電視服務之前，多年來一直是香港的有線廣播電台。沈鑒治 1955 年加入麗的呼聲籌備有線電視服務，同時也是有線廣播服務銀台（粵語）和金台（國語和潮語）的節目編導，有時還包括了藍台（英語）。麗的映聲正式啟播時，雖然他的主要職責是在控制室裏，但還擔任英語和粵語的鏡前主播。沈鑒治 1957 年 12 月離開麗的映聲加入了新新電影製作有限公司。

3　1957 年，沈鑒治與當時著名的電影製片人，也是居港上海人袁仰安的大女兒袁經楣（Jane）結婚。他們的兒子慕韶（Mark）出生於 1961 年，女兒慕絜（Janet）於 1962 年出世。1968 年，沈鑒治被任命為東京亞洲生產力組織的行政和公共關係主管，並遷居東京。兩年後，由於他父母不得不搬出他們的公寓，他就為雙親買下了英皇道的北角大廈公寓。

4　1940 年代末期，張氏將日、月從農曆改用公曆。

5　蔡德允《愔愔室詩詞文稿》頁 185-186。

6　周士心《周士心談藝錄》頁 203。

7　周士心《周士心談藝錄》頁 203。

8　周士心《周士心談藝錄》頁 206-207。

9　蔡德允《愔愔室詩詞文稿》頁 184。

10　蔡德允《愔愔室詩詞文稿》頁 181-183。譯者註：周士心《周士心談藝錄》頁 209-210 引用此文時略有修改。現據周氏所引版本略作修訂。

11　酒店已在 1970 年代拆除，沿海地區自此已經極度的發展。

12　周士心《周士心談藝錄》頁 211-212。

13　周士心《周士心談藝錄》頁 212-213。

14　見周士心《周士心談藝錄》頁 215。

15　詞作見《愔愔室詩詞文稿》頁 100。

16　譯者註：蔡老師 1940 年代末要跟趙叔孺學寫詩，因趙氏去世而未果，見本書第七章。

17　周士心《周士心談藝錄》頁 216。

18　周士心《周士心談藝錄》頁 216-217。

19　周士心《周士心談藝錄》頁 217。

20　蔡德允《愔愔室詩詞文稿》頁 110。

21　蔡德允《愔愔室詩詞文稿》頁 117。

22　蔡德允《古琴紀事》。

23　音樂會節目單的英文標題為"A Musical Soi'ree of Chinese Opera and Chinese Ancient Instruments Recitals［sic.原文照錄］"。

24　資料來自音樂會的節目單，由沈鑒治提供。

25　1888 年由一群美國傳教士建立的私立大學，原名格致書院（Canton Christian College），

經歷了多次轉型，1927 年更名為嶺南大學（Lingnan University）。

26　Dale A. Craig, "Lo Ka Ping: Cantonese Musician", p. 251.

27　此詩後半部作為本書的開始。全詩將在第十二章討論。

28　饒君指饒宗頤，是著名的國學教授與學者，在雅集記述中也提過他。

29　同註 25。

30　譯者註：容思澤於 2010 年逝世，享年七十九歲。

31　譯者註：容思澤曾經參加過雅集。見本章蔡德允憶述五六十年代參加雅集常客。

32　譯者註：按 1961 年新亞書院首創「新亞古樂會」，由吳因明任古琴導師，該會不足一年而
　　停頓，1963 年重組為「新亞國樂會」，1964 年 8 月 5 日該會正式禮聘蔡老師為古琴導師。
　　故嚴格來說，蔡老師應是第二任古琴導師，該會正式成立應該在 1963 年。

33　她幾年前才開始在家中私人教授學生。

34　蔡德允《古琴紀事》。

35　譯者註：《孽海花》製片、編劇與導演袁仰安，主演平凡、石慧、蘇秦、夏夢。1953 年 2
　　月 14 日上映。

36　譯者註：《絕代佳人》製片袁仰安，導演李萍倩，編劇林歡（金庸），主演平凡、夏夢、姜
　　明、樂蒂。1953 年 9 月 22 日上映。蔡老師在片中草田作曲，費明儀主唱的插曲《關關雎
　　鳩》配彈琴指法並以琴伴奏，另彈《憶故人》作背景音樂。

37　周士心《周士心談藝錄》頁 224。

第九章 · 彈琴弟子與德愔琴社

我們為她買了一台高檔錄音機，安放在她的琴桌上，在沒有旁人之下，興致到來她就可隨時為自己錄音。她告訴我們，她的確常常在夜闌人靜的時候嘗試。但由於她對結果從來都不滿意，所以總是把錄音從磁帶刪掉。

蔡德允起初並無意教琴。她寫道:「至於設帳授徒,實頗出偶然。五十年代初,一日忽有由上海今虞琴社查阜西琴家介紹一青年來學琴,余不能卻,嗣後又有兩位女士專誠來學,更有能琴者一人願與余共相切磋達若干年。當時余恒以患在好為人師為戒,後因來者日眾,乃正式教琴」。[1]

1950 年到港不久,蔡老師仍住在諾士佛臺的時候,有位貴客登門拜訪,就是著名的荷蘭外交官高羅佩(Robert Hans van Gulik),他時任駐日大使,是一位漢學家,寫過一部經典的琴學專著《琴道》(*The Lore of the Chinese Lute*),自己也是一名琴人。[2] 這僅僅是一次短聚,蔡老師還記得他彈了《耕莘釣渭》和《平沙落雁》兩曲。[3]

1950 至 1960 年代初,蔡老師相繼非正式地教了幾個學生,並於 1964 年受聘為新亞書院(香港中文大學三家成員書院之一)新成立的「新亞國樂會」正式導師。這是她首次公開擔任彈琴老師。她那時期的第一代學生,許多都是新亞書院的師生。最早和最密切的兩人首先是潘重規,他是新亞書院的中國古典文學教授,出生於安徽,在南京受教育。其次是謝方回(名廷光,以字行),謝氏 1916 年出生於四川。雖然她廣為人知的身份是新亞書院著名中國哲學教授唐君毅的夫人,但她自己精於書法和彈琴,對中國古典文學和繪畫都有深厚功底。大家都知道唐師母是蔡老師的終生好友,還是一位親切好客的女主人,她經常邀請自己和蔡老師的學生到她家裏雅集。唐師母在唐先生 1978 年去世後,由於和蔡老師有諸多共愛好而關係更加親密。謝氏於 2000 年去世,享年八十四歲。[4]

圖片 19 | 蔡老師與謝方回對彈於北角大廈老師家中，1987 年。

蔡老師所有其他學生幾乎都比她年輕至少一代。其中一位她最疼愛
的是出生於香港的張世彬，張氏 1965 年畢業於新亞書院，又到東
京藝術大學（Tokyo Geijutsu Daigaku）進修音樂學。[5] 他成為了傑
出的中國音樂史家，在香港中文大學任教了幾年，不幸於 1978 年
英年早逝。蔡老師傷心欲絕，至今提起他仍然深深感到痛惜。[6]

其他 1960 年代重要的學生有譚汝謙和陸惠風，兩人都出生於香港
及畢業於新亞書院。譚氏其後繼續在京都大學（Kyoto University）

和普林斯頓大學（Princeton University）攻讀研究學位，目前是麥卡萊斯特學院（Macalester College）的中國和日本歷史教授。陸惠風在哈佛大學獲得中國歷史博士學位，其後以自由學者和新聞記者身份定居劍橋。

另一位早期的重要學生屈志仁也出生於香港，1968 年開始跟蔡老師學琴。他成長於一個文學家庭，在私塾學習古文。屈氏在劍橋大學獲得了物理學學士學位，其後自學研究繪畫、書法、服飾、玉器、印章和其他藝術品而成為藝術史家。他曾任多個藝術館的領導，依次有香港中文大學中國文化研究所文物館、香港藝術館和波士頓美術館（Museum of Fine Arts, Boston）亞洲藝術部。[7] 1990年代中以來，他擔任紐約大都會藝術博物館（The Metropolitan Museum of Art）的亞洲藝術部布魯克‧羅素‧阿斯特主席（Brooke Russell Astor Chair of the Department of Asian Art）。1980 年他離開香港到美國後仍繼續彈琴，在回港探親時照常探訪蔡老師。

由 1970 年代起，越來越多年青人追隨蔡德允學琴，有些人至今還繼續彈琴，並有傑出的學術生涯且常常探訪她。其中劉楚華、葉明媚和張麗真尤其突出，他們都出生與成長於香港。1970 年代劉氏和張氏畢業於香港中文大學新亞書院，葉氏則畢業於香港浸會學院，劉主修中文，葉主修英文而張則主修藝術。劉和葉在法國獲得了博士學位（分別是文學和音樂學）後，1980 年代初回到香港，劉楚華任教於香港浸會學院（今香港浸會大學）而葉明媚任教於香港中文大學（幾年後她離港定居美國）。曾在中學任教多年的畫家

圖片 20 ｜蔡老師指點榮鴻曾於北角大廈老師家中，1980 年。

張麗真同時也是出色的崑曲票友。其他 1970 年代開始跟隨蔡老師學琴的還有盛孝沛、黃繼昌、李衛娜、吳䶮儀、林萃青和榮鴻曾。其中盛氏來自湖南，榮氏來自上海，其他人都在香港出生和成長。

從 1970 年代末到 1990 年代初，幾位香港土生土長的新學生成為了關門弟子。蘇思棣是一位書畫家，也擅長於簫、笛，他最初為蔡老師及她的學生琴簫合奏，不久也跟蔡老師學彈琴。西醫謝俊仁是基督教聯合醫院的院長，1983 年跟關聖佑（來自廣州的楊新倫學生）開始學琴，[8] 一年後跟蔡老師的學生劉楚華學，再一年後成為蔡老師的學生。[9] 沈興順是一位成功的廠商，受過良好教育，並且

精通文言文，他以收藏過百床古舊好琴而著稱，公認為世上最佳的私人收藏家。黃樹志和梁麗雲夫婦最初跟蔡老師的學生和密友謝方回（唐師母）學琴，他們一直奉蔡老師為老師。[10] 雖然他們已經移居到加拿大，也經常回港探望蔡老師。1984 年蔡老師在丈夫去世後，到東京與兒子沈鑒治住了幾個月，有六、七名香港學生去探望她，並於 1985 年 1 月 19 日由日本古樂會（Nihon Gagakukai）贊助演出專場音樂會，東京大學著名音樂學家和名譽教授岸邊成雄（Kishibe Shigeo）在音樂會上作了演講。

迄今為止，蔡德允的學生大多是土生土長的香港人，也有一些來自外國。1966 年 8 月，在印第安納大學（Indiana University）攻讀民族音樂學博士學位的研究生艾倫‧卡根（Alan Kagan），得到了富布萊特計劃（Fulbright Program）獎學金來到香港。通過新亞國樂會的介紹，在蔡老師家裏上了一年課。他用一句「非凡的經歷」[11]來總結自己一年的學習。

卡根自 1960 年代末以來一直在明尼蘇達大學（University of Minnesota）任教，1969 年他向研究中國文學的同事劉君若提到了蔡老師。在卡根的介紹下，劉氏幾次去拜訪蔡老師，她視之為「朝聖」。第一次在 1970 年 1 月，及後來在 1977 年，當蔡老師在東京與兒子沈鑒治住在一起的時候。劉君若不僅喜歡中國古典文學，而且對佛教禮儀的誦經傳統也感興趣，尤其是與佛教相關的琴曲如《普庵咒》。成為了蔡老師其中一位最喜歡的摯友，劉君若寫道：「我記得我被沈太太的溫文爾雅所打動⋯⋯我無法細說我幾次對她

圖片 21 ｜屈志仁與劉楚華齊奏於香港中文大學音樂系中國音樂資料館。後排左起：蔡老師、榮鴻曾、林萃青。1980 年。

朝聖般的拜訪，但是我可以說，即使東京地鐵中長途跋涉之後，見到她常常是件賞心樂事，她總是熱情地招待我，使我賓至如歸。雖然我們在 1970 年之前素未謀面，但我總覺得在和一位久別重逢的好友聊天。」[12]

其他外國學生還有來自比利時的郭茂基（Georges Goormaghtigh）和美國的祈偉奧（Dale A. Craig），兩人都在 1970 年代初至中期跟蔡老師學琴。郭氏當時是中國古代語言文學研究生，而祈氏則在香港中文大學崇基學院音樂系任教。郭茂基現任日內瓦大學中國語言

圖片 22｜前排左至右：劉楚華、蔡老師、榮鴻曾；後排左至右：謝俊仁、蘇思棣、沈興順。
合照於窩打老道山樂園老師家中，1998 年。

和古文教授，還時常不斷的探望蔡老師。他已經成為一位出色的琴
人，蔡老師也視他為最好的學生之一。

另一位在 1978 年跟蔡老師短期學琴的外國學生，是現已退休的哈
佛大學音樂系和東亞語言與文化系教授卞趙如蘭。每當她到香港時
就去探望蔡老師。1983 年有一次探望蔡老師時，她帶了錄像設備
為蔡老師錄製了約一小時的彈琴錄像。著名的現場錄音師約翰‧
列維（John Levy）於 1966 年拜訪蔡老師時也為她的彈奏錄了音，
但他並沒學彈琴。列維的錄音，尤其是卞氏的錄像，現在都成為蔡

老師演奏的珍貴文獻，後文將作更詳細的討論。蔡老師在丈夫去世後，1984 至 1985 年間與兒子沈鑒治在東京度過了一年，並教了幾個日本學生，其中稗田浩雄（Hieda Hiroo）還繼續彈琴，並與蔡老師的香港學生保持聯繫。

蔡老師大部分學生都是學者，但並非全部都是。她記得早期的學生中有精神科醫生鄧兆華（目前在香港大學李嘉誠醫學院任教，其父親鄧寄塵是香港著名電影演員）；著名的食品公司淘化大同（英文名 Amoy Food Limited）的創辦人黃篤修；備受推崇的《明報月刊》首位主編胡菊人。他們都在 1960 至 1970 年代跟蔡老師學琴。其他值得一提的學生還有 1980 年代的周熙玲和顧蕙曼，以及 1990 年代的劉文蘭。[13]【圖片 24】總結了蔡老師的學生，按所知的學琴先後次序來排列。

蔡德允一些學生也開始教彈琴了。最早之一是 1960 年代初跟她學琴的張世彬，1965 年，張世彬在新亞書院畢業後獲得獎學金赴日進修。在留日的幾年裏，他教了自己的學生，有些是著名的音樂學者。計有岸邊成雄、三谷陽子、新倉涼子、吉川良和與田中博美。[14] 多年後，新倉涼子又培養了自己的學生伏見靖。[15] 新倉、伏見和稗田近年親臨香港向蔡老師致敬，並與蔡老師的香港學生一起彈琴。黃樹志說：「他們琴容端正，從容自若，難得他們還用絲絃彈琴，覺得份外親切；伏見先生的左手按絃姿勢還很像張世彬先生。這證明蔡老師這一派古琴傳到日本之後，全部風格都保留下來。」[16]

從 1980 年代起，香港一些學生也開始自己教學生。【圖片 24】同時列出了部分第二代學生。[17] 他們有不同的背景，以下對他們略為介紹。區肇鑫先是跟黃樹志，然後再跟蘇思棣學琴，是一名中醫，蔡老師九十歲以後，是他與謝俊仁一起照顧她的健康。劉楚華的學生林少薇和黃芷芳都在 1990 年代初開始跟她學琴，此後一直堅持非正式上課。林是一名護士，同時擅長書法、太極和古箏。黃在高中教授英語和西洋史多年，現已退休。她於 1970 年代跟隨著名的琵琶和琴家呂培原學彈琵琶，還擅長古箏與書法。謝俊仁的學生吳英卉也是一名護士，最近退休後將時間投入學習書法、文學和其他藝術。

蔡德允學生中，劉、蘇和謝三位尤其活躍於演奏，謝俊仁還創作了一些古琴新曲。沈興順除了是一位著名的古琴藏家外，還培訓一位木工，與他緊密合作復修琴器，使大量損壞的老琴可以重新彈奏。黃樹志專注於研究和製造高質量的蠶絲琴絃，時常前往內地尋找蠶絲原材料，與有經驗的製絃師傅合作，指導、監製和試驗製作優質琴絃。劉、蘇、謝與其他同門在香港唯一斲琴人蔡昌壽的指導下，開始學習斲琴。這些學生不僅繼承了彈琴，還有悠久的斲琴傳統。

蔡德允香港的學生眾多，並活躍於演奏和教學，但這座城市還有其他著名琴家。上一章提到的容思澤家族仍然繼續彈琴，但少有公開表演或參加雅集。唐健垣師從北京吳景略，[18] 他既教彈琴又演奏，且是一名學者，還會彈箏及唱廣東「南音」。1970 年代中他在香港中文大學任教幾年後，1983 年在美國衛斯理大學（Wesleyan

圖片 23 │ 蔡老師與黃樹志合照於窩打老道山樂園老師家中，1999 年。

University）獲得民族音樂學博士學位。他經營自己的古琴學院多
年。唐氏的一位學生張慶崇一直在本地積極教琴。另一位長年生
活在香港的琴人唐世璋（John Thompson），是一位原籍美國的民
族音樂學家，1980 至 1990 年代在香港居住，任職於香港亞洲藝術
節。唐世璋曾跟台灣孫毓芹學琴，並得到唐健垣指導研究古指法
譜。他一直活躍於表演、錄音和打譜。2001 年唐世璋返回美國，
目前居於紐約。

1995 年，超過四十名蔡德允的徒子徒孫為紀念她九十歲誕辰和教
學三十週年，舉行了一次特別雅集，雅集中每人都為她獻彈一曲。

蔡德允學生	第二代學生
潘重規	
謝廷光	
張世彬 ⟶	岸邊成雄
	三谷陽子
	新倉涼子
	吉川良和
	田中博美
譚汝謙	
陸惠風	
屈志仁	
鄧兆華	
胡菊人	
劉楚華 ⟶	林少薇
	黃芷芳
	陳淑芬
郭茂基 ⟶	Rosa Molina
	Maryam Goormaghtigh
	Leyla Goormaghtigh
	劉迺玲
葉明媚 ⟶	Terry Tse
張麗真	
祈偉奧	
盛孝沛	
黃繼昌	
李衛娜	
吳霜儀	
卞趙如蘭	
榮鴻曾	
林萃青	
蘇思棣 ⟶	黃泉鋒
	區肇鑫
	黃康華
	馬錫成
周熙玲	
顧惠曼	
謝俊仁 ⟶	吳英卉
	張順怡
	蕭日桐
	李伯亮
	李自強
黃樹志 ⟶	劉自然
梁麗雲	
沈興順	
劉文蘭	
稗田浩雄	

圖片 24 ｜按學琴先後大概時序排列的蔡德允學生和部分第二代學生。

圖片 25｜前排左至右：周熙玲、蔡老師；後排左至右：榮鴻曾、張麗真、屈志仁、吳霞儀、劉楚華。合照於北角大廈老師家中，1980 年。

有些人遠渡重洋，從歐洲和美國到來參加這次活動。她的兩位老朋友，畫家周士心和陸馨如伉儷則來自溫哥華。蔡德允在香港的學生多年來一直定期舉辦雅集；1998 年，他們正式成立了「德愔琴社」。社名結合了蔡德允名字中的「德」字和她書齋「愔愔室」的「愔」字。截至 2005 年，社員已經達到三十人，由蘇思棣擔任社長。[19] 古往今來，同一位琴師的弟子或一位大琴家的追隨者都會組織這樣的琴社。琴社也可以是一個地域性組織，以鼓勵琴人活動，從而建立起社員間的共識和認同。近代最著名的是在前面章節中提到的今虞琴社。如今，在全中國乃至海外許多城市就有數以十計這樣的團體。

德愔琴社有定期聚會及舉辦特殊活動。第一次活動是 1998 年 10 月 14 日至 12 月 4 日在香港大學美術博物館舉辦的古琴展覽，展出了蔡老師的學生沈興順所收藏的五十床老琴，展覽期間出版了一張光盤唱片《古琴薈珍》，蔡老師五名學生用部分展出的古琴彈奏演出一場音樂會；2000 年出版了《愔愔室琴譜》，是原色傳真複印蔡老師以毛筆自書的四卷琴譜；2003 年又出版了姊妹篇《愔愔室詩詞文稿》，詩詞文集包含了蔡老師從 1940 到 1960 年代後期所寫的大部分詩詞和文章；2003 年，弟子們在香港中央圖書館主辦了一場琴與琴樂的展覽；2004 年又在澳門博物館舉辦另一場展覽。由 2001 年起，琴社開始不定期出版《德愔琴訊》，內容包括論文、報導、簡訊和琴譜，主要由琴社社員執筆，2001、2003 和 2005 年出版了三期。三位最有成就的社員劉楚華、蘇思棣和謝俊仁經常在香港公開舉行音樂會，並代表琴社到台灣、大陸演出和演講。蘇思棣曾在荷蘭、瑞士和奧地利示範和演出。

琴社最重要的成績或許就是 2000 年發行一套兩張的激光唱片專輯《蔡德允古琴藝術》，當中收錄蔡老師彈奏的二十二首琴曲。[20] 她漫長的一生裏唯一一次商業發行的錄音，是約翰・列維 1966 年訪問她時錄製的《瀟湘水雲》，收錄於列維 1972 年在紐約發行的黑膠唱片《中國古典音樂》（*Chinese Classical Music*）中。[21] 除此之外，即使她學生多年的懇求，她都拒絕在正式場合錄製她的演奏以供出版。

傳統的文人琴家與專業音樂家不同，他們通常不會沒完沒了地練習，直到琴曲的音準和節奏完全不會出錯為止。例如蔡德允不會有

圖片 26 ｜《愔愔室琴譜》。

一般觀念中的「練習」，她倒會為自娛或為教學生一遍又一遍的彈奏。雖然她肯定完全熟習了琴曲內容和指法技巧——背譜彈奏是琴人基本要求——但每次彈奏時都在無意識之下稍有不同。由於她是為自己彈琴，因此沒有跟隨特定詮釋的壓力。她完全放鬆並沉醉於雙手與手指的動作以及音樂之中。但如果是被錄音，她就不再是為自己演奏而是為錄音機演奏，於是會變得緊張，隨著慌亂而出錯和失憶。

多年以來，尤其是 1980 年代後期起，蔡老師的學生一直力勸她錄下自己彈奏的琴曲。我們為她買了一台高檔錄音機，安放在她的琴桌上，在沒有旁人之下，興致到來她就可隨時為自己錄音。她告訴我們，她的確常常在夜闌人靜的時候嘗試。但由於她對結果從來都

不滿意，所以總是把錄音從磁帶刪掉。1990 年代初，我有機會在香港逗留一段較長時間，就為蔡老師制定一個錄音計劃，每週錄兩曲，一大曲和一小曲，並預先選定曲目。她同意了計劃，又答應熟練準備錄音的兩個曲目。但是一旦打開了錄音機，她就會變得焦慮不安，處處出錯，即使平常可以毫不費力，輕鬆彈奏的簡單曲目也復如是。經過多次嘗試，我們倆都意識到這只是枉費心機，因此放棄了計劃。後來才知道她兒子沈鑒治夫婦也嘗試過同樣的事情。沈鑒治告訴我，在 1986 至 1996 年期間（他們當時一起住在雲景道寬敞的複式頂層公寓），「我和經楣兩次安排家母去錄製她彈琴，一次是在香港電台，另一次在附近的一家專業錄音室，不是為了商業發行——因為她最討厭這個想法——只是為了錄下她的琴藝。我們甚至讓錄音室待命以便她高興時便可隨時前往。但她總是藉口要在錄音前多做練習，這個主意最終放棄了。」

然而，這些年來，在蔡老師的允許下，有些學生在上課時錄下她彈琴以便在家裏輔助練習。1999 年，學生們集齊了所有這些錄音，發現她全部曲目都已經用這種方式錄下了。無可否認，由於這些錄音僅供學習之用，因此無論是彈琴效果還是錄音技術，質量都參差不齊。例如學生帶來的錄音機質量不同，因此亦沒有特別注意錄音質素。蔡老師之所以允許學生錄音，只是應學生要求作為他們練習的輔助，她對將這些錄音轉為公開發行的主意非常不滿。經過我們再三懇求，她最終同意將這些錄音彙編成一輯兩張光盤唱片，這是她唯一公開發行的全面錄音。二十二曲目按照《愔愔室琴譜》的順序排列：

《古琴吟》

《慨古引》

《關山月》

《湘江怨》

《良宵引》

《玉樓春曉》

《精忠詞》

《陽關三疊》

《普庵咒》

《平沙落雁》（廣陵派）

《梧葉舞秋風》

《長門怨》

《梅花三弄》

《憶故人》

《漁樵問答》

《醉漁唱晚》

《龍翔操》

《水仙操》

《陽春》

《瀟湘水雲》

《平沙落雁》（川派）

《胡笳十八拍》

1983 年初，卞趙如蘭在香港短暫逗留，她於 1 月 5 日和 7 日到北

角大廈蔡老師家裏探訪她。兩次探訪時，卞太太都帶了笨重的盒式錄像機、三腳架和其他配件（那是早期的錄像技術），在劉楚華的協助下錄製了大約一小時蔡老師的演奏。這份寶貴而未公開發布的文獻，按錄影順序包括以下曲目：

《平沙落雁》（川派）
《平沙落雁》（廣陵派）
《梅花三弄》
《長門怨》
《憶故人》
《水仙操》
《瀟湘水雲》
《陽關三疊》
《龍翔操》

上列曲目有些不止彈奏一次，有些開始就彈錯或者沒有彈完全曲。這並不奇怪，因為蔡老師在為機器彈琴，所以彈得不好；或忘記樂譜、或左、右手彈錯、或拍子不準。然而，視頻不僅捕捉了她彈奏的聲音，還有她的姿勢和動作。我最近問卞太太，她是如何克服困難說服蔡老師同意錄像，但她沒給出答案。其實，卞太太極具魅力與說服力，作為哈佛大學音樂系和東亞語言與文化系的教授以及傑出的中國音樂學者，她贏得了蔡老師極度尊重和欽佩。我們非常感謝卞太太做到我們其他人做不到的成就；更重要的是，我們要感謝蔡老師同意這一過程。不用說這對她肯定是一番折磨了。

圖片 27 ｜ 蔡老師與卞趙如蘭合照於北角大廈老師家中，1983 年。

德愔琴社社員定期舉行雅集。由於組織漸具規模，雅集經常吸引二、三十人參加彈琴，大多數都是蔡老師的學生或他們自己的學生，因此雅集再不能在愔愔室舉行；取而代之的是在公開場合諸如在上環區的茶館、在中區附近信德中心的中華文化促進中心（後來搬到灣仔區）、在香港浸會大學的教室或在個別社員的家裏。雖然蔡老師已經很少參加這些聚會，但她事後還是很想知道有關這些聚會的消息。

2005 年是蔡老師百歲壽辰。為了紀念這個非凡的日子，德愔琴社舉

辦了一系列與琴有關的活動，包括出版刊物、公開演出和講座，以及一連串的私人雅集，這些活動都小心謹記不違背她的個性和哲理。

當年六月，籌備了將近兩年的《德愔琴訊》第三期〈蔡德允老師百歲嵩壽專號〉出版，由劉楚華策劃和編輯。這是蔡老師眾多徒子徒孫一同獻上文章的紀念文集，包括劉楚華本人、胡菊人、吳英卉、黃芷芳、黃康華、蘇思棣、沈興順、區肇鑫、榮鴻曾、梁麗雲、黃樹志、葉明媚和謝俊仁。一位雅集時代的老朋友畫家周士心獻上一幅水墨國畫《壽桃》，另一位音樂家呂培原錄製了他唱的蘇州彈詞祝壽歌（不在文集中）。此外兩位著名的琴家兼崇拜者，上海的龔一和台北的陳雯也獻上文章。最後但也最重要的是沈鑒治所寫的一篇序言《兒子的話》。

10月4日、10月25日和11月19日分別在香港中文大學、香港大會堂和香港中央圖書館舉行三場公開演奏會，特色是蔡老師的學生和兩名來自內地的琴家姚公白和姚公敬，他們是蔡老師的琴友，已故上海琴家姚丙炎的兒子；在香港中央圖書館舉行五場不同主題的琴學講座。由於蔡老師不再出外，所以她沒有參加這些公開活動。

最有心思的是12月的四個星期日下午在蔡老師家裏舉行的雅集。正如吳英卉回憶道：「猶記自二零零四年春，德愔琴社同門每逢雅集便關注到年底時該如何慶祝蔡老師百歲榮壽。大家都很熱心地提出了不少方案，又詳細地討論過各方案的細節及可行性。終於在秋天時決定了，既然蔡老師最愛晚輩到她家中彈琴，我們便在十二月

圖片 28 | 蔡德允百歲誕辰，2005 年。

的每個星期天［將各輩份學生分為四組］到她家中雅集，以泠泠琴音傳達我輩三代弟子對老師的敬愛、回饋、與祝福。」[22] 每個星期日有十到十五人參加，每個人都為蔡老師獻彈一曲；還有些人彈琵琶、吹洞簫，也有人唱琴歌和唱崑曲。

註

1　蔡德允《愔愔室琴譜》〈自序〉。

2　高羅佩在西方最聞名的是寫作了一系列神秘謀殺案的小說《大唐狄公案》。

3　多年後的 1970 年代，蔡老師的公子沈鑒治和夫人袁經楣住在東京時見到了高羅佩的遺孀，原籍北京的水世芳，她兒子是荷蘭駐東京大使館的領事，而孫女是袁經楣在東京任教的聖心國際學校（International School of the Sacred Heart）的學生。當沈鑒治留意到袁經楣的學生名冊中有「van Gulik」的姓氏時，經查問後，兩家人重新再聯繫上了。

4　謝方回的學生和仰慕者出版了她的遺著，見劉國強等編《懿範千秋：唐君毅夫人謝廷光女史遺稿暨紀念集》，香港：香港中文大學新亞書院，2002 年 5 月。譯者註：謝方回 1988 年自費印刷自己與唐君毅先生的書畫手稿《毅光集》，作為紀念品贈送到香港參加「唐君毅思想國際會議」的與會學者。

5　譯者註：張世彬 1965 年受聘於日本京都大學，任中國音樂及文學研究員；1969 至 1972 年再度赴日，任京都大學外語部講師，並隨岸邊成雄教授研習亞洲音樂與比較音樂學。

6　譯者註：蔡老師曾有〈悼張世彬琴友〉一文，文章最後寫道：「余初來港時，曾彈古調《泣顏回》，因其音韻悲戚，棄不復彈者三十餘年，今日試之，不覺心酸淚下，每不能終曲，彈之有物，感而生悲，淒有餘哀，世彬世彬，知乎否耶？」（載《明報月刊》1978 年 10 月號，頁 33。）

7　譯者註：屈志仁時任香港藝術館的前身香港博物美術館館長。

8　譯者註：關聖佑是香港著名作曲家，居港前原名關慶耀，是楊新倫在廣州音樂專科學校（今星海音樂學院）的學生。

9　2005 年，謝氏從醫職退休，到香港中文大學攻讀音樂學博士學位，打算寫一篇有關琴學的論文。譯者註：謝氏於 2009 年取得音樂學博士學位。

10　譯者註：梁麗雲啟蒙老師為張世彬先生，張先生去世後跟唐師母學琴；黃氏與梁氏 1980 年代後期在唐師母推薦下正式跟蔡老師學琴，成為蔡老師的學生；黃樹志出生於廣東揭陽，成長於香港。

11　私人交流。

12　私人交流。

13　周熙玲是本書提到的畫家周士心的女兒。

14　譯者註：尚有一位學生名宮下周平。此外，張世彬 1975 年在香港新亞研究所琴社教了三位學生：李惠歡、岑詠芳和梁麗雲。

15　譯者註：伏見靖其後改名伏見無家，組織疇祉琴社，為日本唯一公開教琴的蔡老師再傳人，彈必蠶絲絃。

16　黃樹志〈碩果僅存的古琴大師——《愔愔室琴譜》與蔡德允的琴學〉，載《信報財經月刊》2001 年 1 月，第 286 期，頁 75。

17　譯者註：本書原作出版於 2008 年，故此表內只包括部分早期的第二代學生。此譯本據原作列出，只稍作增補。

18　譯者註：唐氏先在台灣跟隨吳宗漢與孫毓芹，後到內地跟隨吳景略學琴。

19 譯者註：德愔琴社第一任社長為榮鴻曾，蘇思棣為第二任社長。
20 唱片中還包括蔡德允的老師沈草農所彈的三曲私人舊錄音。
21 第一版 1968 年由英國 BBC 發行。
22 《德愔琴訊》第三期，頁 25。

第十章 · 教琴方法

她選擇學生甚為挑剔。對她來說，學生就是她的朋友：選擇朋友當然要小心謹慎。她曾對我說過，她選擇學生的標準很多，要有端莊的容貌、整潔的外表、優雅的性格，最重要是有正直的人品。

過去幾十年，隨著同輩琴友相繼離世，蔡德允無可爭議地成為所有較年輕琴人為之仰慕的獨一無二老琴家。近年屬於她兒孫輩的內地著名琴人與學者每逢到港參加會議、演出或私訪時，都會到蔡老師簡樸的家裏向她表達敬意，與她合影留念，並請她聽他們彈琴。

蔡德允為什麼成為她的學生和仰慕者別具一格的師尊和琴家？毫無疑問，中國文化傳統的敬老是其中一個原因。然而，年齡和資歷並不是使她成為最受尊敬琴家的唯一因素。今天很少有人能像她一般在優渥環境中成長，也很少有人擁有她與生俱來的天賦與對文學藝術的感性。這些因素形成她熱愛並投身於古典文學和高雅藝術。她溫柔的個性、優雅的舉止和低調的性格自成一個天地，與外面世界的快速節奏、物質主義和商業化的社會形成鮮明的對比。這個天地呈現於她的詩詞、她的書法以至她的琴樂。她令年輕一代肅然起敬，讓他們可以窺探一個從來沒有機會體驗的世界。更具體地說，蔡德允堅守傳統彈琴手法與審美，使她有別於二十世紀下半葉大多數琴人。正如她的學生葉明媚寫道：「隨着歲月的流逝，覺得無論是事、物或人，⋯⋯都在變，⋯⋯唯一不變的就似乎只有蔡老師。不變的⋯⋯是在蔡師身上所感覺到的傳統文人那股對道德生命及藝術生命的熱愛和承擔而凝聚的穩定力量。這股博厚的力量使蔡師於待人接物、起居語默間皆散發着一種高貴清逸而又和藹可親的氣質。」[1]

中華人民共和國成立後，內地琴界的演奏習慣經歷了重大變化。新政府初期，張子謙的日記顯示彈琴活動並無中斷及重大變化。

但「文化大革命」期間（從 1960 年代中至 1970 年代中），琴作為文人精粹的象徵，隨著整個文人階層受到批判；雅集全部停止了，許多琴人由於擔心受到迫害，把他們的琴器和琴譜都銷毀了。即使 1970 年代末期社會漸趨穩定和開放，彈琴人仍然保持戒心。[2] 共產主義推動的無產階級社會，迫使琴的傳統步出了特權文人的書齋。1980 年代以來，中國推行的市場經濟對琴樂的專業化和商業化產生了另一種不同的壓力。顯著變化的有：蠶絲琴絃被鋼絲絃替代（始於 1950 年代）；表演時出現誇張的肢體動作和面部表情；弱化了文學內容而發展高超技巧，並強化了音樂的表現力——一切都為了迎合更為廣泛，不彈琴和不懂琴的聽眾。[3] 此外，雅集和公開音樂會經常使用電子擴音器；在音樂學院正式設立了古琴課程；教學方法依照其他樂器而變得系統化和統一化；琴樂錄音製成卡式帶和後來的光盤唱片以供廣泛的商業發行。相比之下，香港和台灣少數琴人與內地絕少數個別琴人，仍繼續堅持較傳統的彈奏方式。

在這種熱切活動之下，蔡老師默默而堅決捍衛彈琴的古老傳統，保持了文人的崇高理想和實踐，不受社會需求和金錢壓力的影響。這種對舊傳統的捍衛體現在她堅持使用蠶絲琴絃和遵從傳統的彈奏技巧，盡量不偏離傳承自老師或自己彙集的古譜，拒絕在舞台演出與錄音，並決意不將彈琴與任何金錢回報相聯繫。她將這些理想傳承給學生。雖然其他從事表演領域的琴家都在演奏領域求新，但他們仍然認同並重視她所維護的舊傳統。保守主義已成為她獨具一格的音樂理想和實踐。

這種保守性最明顯是她的教學方法。1973 年開始跟她學琴的劉楚華詳細描述了她的學習過程和蔡老師的教學方法：「記得第一課先學安絃。以後的幾課從《古琴初階》中選學數則指法練習，然後便依照《愔愔室琴譜》前三卷的次序學習。初期每一次學一小操，後來學大曲則每次一、兩段。上課時用心觀察老師的示範，在明白了指法運作、對音樂有基本理解之後，就抄下所學的一段曲譜回家熟習。下一次上課只要能背譜彈奏，老師就會為我指正錯誤、鞏固認識，然後再教新技法、授新樂段。每學成一曲，老師會抽出時間，叫我把累積的一列曲目，按次第反復重溫。總結一下我所學的曲目，算得上收穫豐富，自《仙翁》至《瀟湘》，共計學了琴調三式，大小琴曲二十四操，其中除了三兩首小曲不大愛彈以致比較生疏之外，其餘都熟記在心，迄今不忘。在不過兩年半的日子中，老師循序善誘，有效地為我打下了良好的基礎。

「蔡老師的傳授以示範為主。每教新曲，先端身定神，誠敬莊重地從頭到尾彈一遍，不但每次都是完美的演奏，而且是琴容、琴音與琴心整體的呈示。在她來說，不論獨奏自娛、上課教學或者公開演奏，一樣嚴肅，並無分別。示範之後，說明曲題、解釋譜字和技法，語言簡要，甚少議論，尤其在指法摹仿的階段，總是不厭煩的示範。有時節奏上出了毛病，或者吟猱動作掌握不住，老師會用她的崑腔哼出樂句，助我循聲尋向，很快就解決困難。某些指法，譬如出神入化的『逗』、『喚』、『飛吟』，時至今日我還沒有學好，儘管如此，老師示範時的音響仍然在耳、指勢動向歷歷如目，此種深刻的記憶，完全是反復示範所留的印象。

「愔愔室上課，必置兩琴對彈。學一曲到了能背彈的時候，只是初得規模，於曲中細緻變化尚未能領會，這時老師會逐曲逐段與我對彈，好比旅遊嚮導，領我尋幽探勝。師生齊奏，在不同的教學階段，對學生具有不同的效果。最初作用在糾正錯誤、鞏固記憶，在老師陪同之下，學者可以自然地調整落指之虛實、散板之錯落、音色之亮采等細微感覺。進一步可以摹學全曲氣息之連貫起伏、演繹樂曲時心理之深層變化，用心的學者自然會在齊奏之間捕捉到絃外之音。」[4]

葉明媚寫道：「在我們跟蔡師學琴的經驗中，彈得好的話蔡師會很溫文的對我們說聲：『蠻好！』若彈得不好的話，蔡師亦會很溫文的說：『回去多練練！』蔡師從來沒有對她的學生有半句批評的話，這除了因為她本身溫雅的氣質，大概亦因為她所重視的是古琴背後的道德情操而非技巧的本身。她常對我們說彈琴是一種消遣，別太認真。其實絃外之音是希望我們把彈琴作為一種修養，而非以為可以從中彈出功名與富貴。」[5]

艾倫‧卡根（Alan Kagan）記道：「琴課安排於週三下午三時至五時。我清楚地記得上課時的款待。課前有一杯綠茶，課後傭人奉上清茶和甜點諸如紅豆湯、杏仁豆腐或俄羅斯麵包店的糕點之類。這常常是輕鬆交談的好時機，而不是讓課程突然間結束。有時我會提早到達觀察其他同門上課。我記得有一位是唐太太（謝方回），一位是潘先生（潘重規）。

「我從學習琴譜開始，沈太太用自己的油印本入門練習譜。教琴的桌子放了兩張琴，我們相對而坐。上課的過程是先學習琴譜上的指法，詳加解釋，然後提出問題。跟著合上琴譜，沈太太繼而示範彈奏，我一句一句地模仿她。

「為了幫我買琴，沈太太要求粵華琴行送兩張琴到她家裏以供選擇。我們試過琴後，她把琴留到下一次上課，然後要求再送一張過來。鑒於當時內地處於『文化大革命』的政治環境，故此供應有限。雖然這些中國製造的新琴質量令人並不太滿意，她還是建議我買下。

「沈太太學的是泛川派。她的教學方法如下：

1. 學生抄寫她自己手書的《愔愔室琴譜》中的一曲樂譜。

2. 沈太太為學生示範彈奏時，明顯有很多譜中所沒有的獨特而細膩的手法。她會加以解說，特別在提問時，她常常說她想彈得更有味道。

3. 學生一句一句地模仿，這是一個使學生感到尷尬的蹣跚進程，但沈太太和顏悅色的給你信心。在之後的課上，會期望學生彈得更加流暢。

4. 上課兩個月後，她鼓勵我在彈奏旋律重複的樂句時，在節拍間添加節奏變化，就像即興彈奏般自由。」[6]

卡根總結了他的經驗如下：「她給我最直接的印象是一個優雅、和藹與大方的人，讓我感到賓至如歸。她的上海話實在讓我感到吃力，但這也表現出她獨特的個性。當然她的英語很好，所以溝通沒有問題。她彈琴和技巧示範都非常出色，讓我滿懷信心，我的老師不僅可以讓我學好彈琴，而且還是一位能解決問題的智者。」[7]

我自己的學習經歷也證實了各位同門所述。我認為蔡老師的教學方法與其他古琴老師顯然不同，當然與其他樂器老師也不同。現在大多數琴師都採用強調技巧的方法，為了讓初學的學生彈出一個穩定的音調，他們會專注於教導學生如何用右手不斷重複正確的撥彈技巧，又會讓學生練習將左手按在琴絃正確的位置以彈出準確的音高。這些指法練習都是抽離教導的。這種強調技巧的訓練，有點類似學習西方樂器時練習音階、琶音與和絃，對學生開始實際演奏樂曲時無疑很有作用。我跟蔡老師學琴的經驗是，在講解了基本的撥絃和按絃技巧後，馬上就讓我直接彈奏一首樂曲，雖然是很簡單的一曲。可想而知，我的音量微弱，經常走音，而且手勢笨拙。不過，我剛起步就彈奏樂句，並且很快學會憑記憶彈奏。當她和我對彈時，我很快就學會糾正自己的音色、音準和手勢，最重要是節奏的細微之處。這些都是實在地通過眼睛和耳朵來糾正的。由於她要不是不厭其煩地與我對彈，就是為了讓我學習而自己彈給我聽，因此我能夠多次聆聽和觀察她的彈奏，令音樂和手勢都根深蒂固地印在我腦海中。有時是有意識地，但更可能是潛意識地，我通過現場模仿或憑記憶模仿，把曲子學好。我相信如果不集中於技巧本身的訓練，而是幾乎完全通過接觸琴曲來學習彈奏，我能更加完整地掌

握這樂器和模仿她彈奏。

從同門和我的學習經驗推斷，可以總結出蔡老師最主要的教學方法如下：

1. 除了示範基本的按彈技巧外，她不要求學生在琴曲內容之外去練習音高或節奏。

2. 初入門的學生會立即從「樂曲」入手，即使先由簡短的曲子開始。

3. 學生開始學彈樂曲時不看琴譜。反而是通過觀察她的手勢動作，逐句聆聽其旋律與節奏的表達，並盡可能地模仿。

4. 她反復地從頭到尾彈奏全曲給學生聽，故此學生不是看著琴譜，而是重複聆聽她的彈奏來學習琴曲。這可能是她最具特色的教學方法。它的優點很明顯：不僅強調只能通過模仿才學習到節奏微妙之處，還表明她最注重樂曲整體的連貫性，並希望將其精髓傳授給學生。

蔡老師很少當面批評學生的彈奏。當我彈完一曲後，她有時會點頭微笑，或者會說：「你彈得不錯」、「蠻好的」或「快了一點」。她最負面的反應也只是一言不發。當我們對彈時，我會盡量看著她雙手，但也注意到她一直看著我的手，看我彈得對不對。然而，即使她留意到我的彈法與她不盡相同，她一般不會指出差異

之處，而是讓我發現後由我自己決定怎樣做，留有餘地，讓我發揮自己的風格。

儘管她很少當面批評，但她總不吝惜讚美之辭。她會記得我彈得特別好的曲目，有時幾年後還一次又一次地提起它。她也極少向我批評其他的學生，只會向我說很多學生的好話。

有一件我記得很清楚的事。我們一起對彈《瀟湘水雲》時，樂曲臨尾處有一長樂句要用左手按在一絃徽外再向右滑動，而中途要停幾下，右指還要彈幾下一絃。在對彈時我如常看著她的手，留意到她的右手比我少彈了一下。一曲完後，我大膽地向她指出我們之間的分別。她顯得很有興趣，拿出了《愔愔室琴譜》，在譜中找出那個地方。她看著琴譜逐個譜字慢慢彈著那個樂句，並發覺是她少彈了一下。她非常感謝我指出她的錯處，說這是一個好教訓，讓大家記住要常常重溫琴譜。那次以後，甚至多年以後，每逢我們彈《瀟湘水雲》時，她幾乎總是興高采烈地指出我是怎樣糾正她的錯誤，並極其真誠地再次表示感激。不用說，此事令我自己也感到很高興。不過，她對這件事的記憶更令我感動，她一次又一次地提起這件事，讓我意識到她的謙遜，她的讚許助我建立自信。

她選擇學生甚為挑剔。對她來說，學生就是她的朋友：選擇朋友當然要小心謹慎。她曾對我說過，她選擇學生的標準很多，要有端莊的容貌、整潔的外表、優雅的性格，最重要是有正直的人品。她曾將有潛質的學生拒諸門外，或者在幾堂課後將其打發離去。有一次

她私下對我說起某人時，捂起鼻子說「他不修邊幅」。又有一次一位著名的琴家彈琴時大汗淋漓，結果令她很不屑，這當然是她私下告訴我的。不用說這兩位都不是她的學生。不過，對一些不幸給她留下不誠實、貪慕虛榮和利用彈琴去追求名利的人，她會給予最嚴厲的批評。[8]

基於對某個學生的喜愛程度，她會在幾個月或幾年後終止上課，然後說：「您已經畢業，不用再來上課了。」雖然「畢業」後，她也會叫自己喜愛的學生來探望她並和她一起彈琴，但她認為這是探訪而不再是「上課」，他們之間也不再是「師生」而是「朋友」。

蔡老師會教初入門的學生彈《愔愔室琴譜》卷一的十三個曲目；這些短曲雖然指法相對簡單，但都是珍品，一般會長時間保留在學生所彈的曲目中。學生掌握了數首這些較小的琴曲後，她就教授卷二的十個曲目。這是她老師主要的傳授曲目，也是她琴譜的核心，尤其是第三曲《陽關三疊》至第十曲《漁樵問答》。能夠從卷一彈到卷二的其中一曲，可說是不容易的事，卷二每個琴曲之間的風格截然不同，能夠掌握的話，難免令人意識到琴藝已經提升到不同層次了。我仍然記得卷二內我學的第一曲是《普庵咒》。這是我第一次體驗的「大曲」，它具有豐富的音樂內涵、大型的曲式結構和美學上的連貫性。卷二的曲目是對學琴者精神的集中、結構的掌握以及對複雜和細膩的琴曲欣賞能力的初步考驗。從這裏開始，此卷隨後每曲都會令人提升到驚喜的新境界。

然而眾所周知，真正的佳作是卷三的六個曲目，[9] 其中最後一曲，亦是本書第一章中已經詳細討論過的《瀟湘水雲》，為這卷的顛峰之作。此曲的優美令人縈繞心頭，又有具挑戰性的技巧、複雜的結構和深邃的靈性境界，是蔡老師最鍾愛的一曲。此曲她只傳授給入室弟子。每當她在雅集給學生彈奏此曲時，人人都會肅然起敬。雖然其他一些琴曲都清晰地具有她的個人風格，但沒有一首能與《瀟湘水雲》的魅力與圍繞著它的氣氛相提並論。毫不意外，此曲也是她的詩詞中最常引用的作品。

註

1. 葉明媚《古琴藝術與中國文化》頁 234-236。
2. 1980 年後期，老琴只賣不過幾百元人民幣。同樣的東西今天可能要賣幾十萬元人民幣。
3. 更全面的討論，請參見 Bell Yung, "Music of Qin: From the Scholar's Study to the Concert Stage"。［原著者補：榮鴻曾〈從認知觀點剖析文人琴娛己的表現力：給音樂下新定義〉上、下篇，載《中國音樂》2021年第4期，頁5-17；2021年第5期，頁83-92。］
4. 蔡德允《愔愔室琴譜》〈序二〉。
5. 葉明媚《古琴藝術與中國文化》頁 238。
6. 私人交流。
7. 私人交流。
8. 蔡老師曾說：「並不是每個人都可以學習古琴，因為除了愛好與天賦外，最重要是人的氣質。孔子雖然說『有教無類』，但某些人的氣質就是不適宜學古琴，而學問好的人不一定有好的氣質。至於某種人品格不好，那就更不用說了。」見齊文韶〈國寶級的古琴藝術家——訪蔡德允談古琴與人生〉，載《信報財經月刊》2001 年 1 月，第 286 期，頁 67。
9. 我從來沒有聽她彈過卷三的第一曲《酒狂》。

第十一章　琴藝風格

1

蔡老師的彈琴錄音裏另一個特點是，儘管她是受尊敬的琴人，但與在商業錄音中演奏技巧近乎完美的其他琴人相比，她偶爾會在音準和彈奏時出錯。這些錯誤除了與上述錄製條件有關外，還可以視為傳統彈琴思維的另一種表現，就是音樂帶出的「曲意」比音樂的聲音更重要。

蔡德允彈琴為什麼與眾不同？她的音樂與其他琴人又有什麼區別呢？除了她的文化背景、思想理念和教學方法外，還要尋根溯源：對她的音樂和彈奏風格作仔細探究和分析。[2] 事實上她幾乎從未曾公開演出，也極難找到她的錄音，對有興趣了解她音樂風格的讀者是一個難題。少數跟她學琴並與她對彈多年，有些甚至長達四十年以上的學生，她的琴樂和彈奏風格都不可磨滅地銘刻在他們腦海中。對於其他人，包括後世人來說，唯一可以依靠的資源，只有2000年出版的兩張激光唱片套裝《蔡德允古琴藝術》（另有《瀟湘水雲》一曲收於約翰‧列維（John Levy）錄製的《中國古典音樂》密紋黑膠唱片）。如上一章所指，這套唱片只是學習的輔助，演奏和錄音技術兩者都不能與專為商業發行，由專業錄音師在最先進的錄音室製作的相比，也不能與唱片商店供應的許多激光唱片相提並論。儘管錄音技術關係，音質差強人意，但這套唱片是她珍貴而罕有的實際彈奏資料，且是討論她的琴樂和演奏風格唯一可行的起點。[3]

聆聽蔡老師的錄音，給人第一印象是音色相對於一般商品唱片較為柔和。這種柔和度有兩個直接因素：使用蠶絲絃而不是鋼絲絃，以及琴絃張得鬆弛。內地近年從蠶絲絃轉用鋼絲絃，與蔡老師堅守傳統和堅持使用蠶絲絃的對比，前面已經討論過了。這種差異反映了不同的政治意識形態、表演習慣和審美原則。最根本是基於琴絃的材料自然會產生不同的音色：蠶絲絃的聲音較為柔和，而鋼絲絃的聲音較大、音色明亮、餘響時間長。結果是蔡老師的琴樂風格與幾乎所有其他琴人的音色形成鮮明的對比。[4]

圖片 29 │ 《蔡德允古琴藝術》唱片封面。

絃的鬆緊與調音的絕對音高直接相關。七根絃的七個音高必須遵循
嚴格的規則，它們之間的相互關係根據具體曲目而定。不過，與鋼
琴不同的是，鋼琴整個鍵盤的絕對音高都是舉世一樣的，而古琴則
沒有這種標準，彈琴人是根據自己的喜好給樂器調整絕對音高。[5]
因為古琴基本上是一種獨奏樂器，故此可以不須與其他樂器的音高
保持一致。蔡老師寧願將琴絃調得相對較低，實際原因是較鬆的琴
絃比較不易斷裂。高質量的蠶絲絃不再生產，使堅持用蠶絲絃彈琴
的人必須珍惜保護自己僅有的私藏琴絃。[6]

將琴絃調到不同鬆緊程度的另一原因是偏好或避免某些音質：較鬆
的琴絃產生較低的音調，自然會得到較靜的音色，而較高音調產生
的音色則會較明亮。這樣的選擇要在傳統思維與當代表演實踐之間

去討論。過去彈琴是一種私人活動，它的審美是個人的、細緻的、內向的，因此不太受到外界政治、經濟和社會因素影響。相反大多數其他類型音樂，包括目前內地的琴樂，思維和演奏都強調面向觀眾以娛樂他人：他們的審美旨在吸引聽眾，因此是外向型的。這種審美觀及表演效應更容易受到外部政治、經濟和社會因素影響。

如今，內地許多有成就的琴家都是專業的，他們以教學和表演為業。為了迎合一般聽眾，緊繃的琴絃發出的聲音更大、更明亮，使他們的音樂更容易被接受和吸引聽眾。相比之下，蔡老師嚴守傳統思維：她彈琴只為自娛；她的音樂不受聽眾的好惡影響。較低的絕對音高產生更醇厚柔和的音質和寧靜的聲音——這種蔡老師視如珍寶的音質，卻是以公開表演為主的彈琴人所儘量避忌的。[7] 此外絃鬆使按彈更容易，手指更舒適。這種撫琴的感覺完全是私下的和個人的，也是影響蔡老師和一些人寧願保持琴絃鬆弛的另一因素。

蔡老師的彈琴錄音裏另一個特點是，儘管她是受尊敬的琴人，但與在商業錄音中演奏技巧近乎完美的其他琴人相比，她偶爾會在音準和彈奏時出錯。這些錯誤除了與上述錄製條件有關外，還可以視為傳統彈琴思維的另一種表現，就是音樂帶出的「曲意」比音樂的聲音更重要。彈琴的主要目的是在喚起彈琴人自己內在的既定情緒，琴聲本身只是達到該目標的載體。對具有這種觀念的琴人來說，小小的錯誤不會影響彈琴的情緒。

琴曲的「曲意」由其標題所定，標題一般描繪自然風景，暗示情感

或敘述故事。其中許多標題與中國的歷史、神話、傳說、哲學或宗教緊密關聯。琴譜中大多數琴曲都有解題，以進一步闡述琴曲的內容。高羅佩（Robert Hans van Gulik）寫道：「要特別注意描述作曲家創作琴曲時的心境，以及他在創作中想表達的思想。彈琴人在彈琴時所追求的最高目標就是忠實地再現作曲家的心境。」[8]

傳統琴人都是受過良好教育的階層，對曲目的題解都會理解和欣賞。此外，由於傳統上彈琴都是私下的活動，因此彈琴人不必照顧聽眾是否「意會」琴曲的「曲意」。在雅集中，聽者往往也是受過良好教育的彈琴人，具有相同的思想意識和審美情趣。相比之下，當代專業琴家走出了文人世界，面對的可能是沒有足夠認知水平來欣賞琴樂「曲意」的音樂會聽眾。[9]

如今大多數出席演出的聽眾都是不知姓名的公眾，或者坐在音樂會現場，或可能坐在家裏聽激光唱片。由於琴家認為這樣的聽眾對琴曲內容理解不多，因此技術上的磨練成為首要關注問題。當今專業琴家的聲譽和生計取決於聽眾，自然要承受無休止練習的壓力，以使他們的演奏盡可能不會出錯。相反地像蔡老師這樣不靠彈琴謀生的業餘琴人就沒這種壓力，因此不必特別專注於技術的精確性。她彈琴主要與知音和學生們共享，聽者都能理解並會忽略一些小錯誤。

這樣解釋蔡老師的錄音出錯，並不意味這類琴人不積極追求技術上的準確性；更確切地說，這種準確性本身並不像其他大多數樂種般重要，因此不必無時無刻觸手可及。就蔡老師而言，她與其將時間

圖片 30 ｜蔡德允書法。

花在反復練習去糾正某個指法錯誤以取悅聽眾，不如多花時間彈琴自娛。

蔡老師彈琴最獨特的風格特徵是她與眾不同的時值處理，特點是不規則和不可預測。樂音的時值包括了速度、節奏、拍子和節拍等各相關概念，無論哪種類型音樂，都是最重要的組成部分之一，其處理更是演奏者傳達個人表現力的最有效方式。傳統的西方五線譜每個音符的時值（或更精確地說是相對時值）很大程度上都是指定的，而且音符彼此的相對時值都是簡單比例；但是有音樂感性的演奏者往往通過延長、縮短或其他處理方式偏離樂譜。這樣的處理使演奏充滿靈活和不可預測，將譜面上死板的模式變為活生生的樂章。

傳統的古琴譜通常不標示樂音的時值比例。[10] 有些專家批評這種欠缺規範的記譜法是落後的證明，認為應予改良。[11] 另一些人則為琴譜辯護，指出這種記譜法主要是用作指法的備忘錄。[12] 又一種解釋是，為了表達樂感，要將處理時值的需要和權利最終留給彈琴人。琴譜的發明人和堅持這觀點的製曲人都明白，如果要恰當地彈出一首琴曲的「曲意」，要給予彈琴人音樂創作力和發揮個性的空間，彈琴人就一定不能被死板標示的時值所束縛。[13]

演奏者常關心的是訂拍規律的鬆緊；特別是演奏是否要表達「拍子」的感覺。此外，拍子也會表現出規律性的強弱對比，這是大多數西方音樂的基本特質，因此體現於西方五線譜的小節節拍。一些

中國傳統記譜法與樂論和實踐也有類似之處，相關的記譜法訂定了固定的「拍子」與節拍結構。強拍稱為「板」，弱拍則稱為「眼」。「板」的存在是眾多中國音樂的特徵，包括民間音樂如民歌、戲曲、說唱音樂和器樂合奏，以及舞樂、宮廷雅樂和勞動號子等。這些形式大多數都有相應的「眼」，與「板」形成對比。無論其音樂是否有樂譜都如是。因此，就拍子而言，琴譜是一個例外。

儘管琴譜中沒有指定時值長短，但歷代琴人都遵循一些風格習慣。例如大部分琴曲演奏都是有拍子的，這也是蔡老師所遵循的傳統。在她所彈奏的小曲如《慨古引》、《關山月》和《良宵引》，以及中型曲如《平沙落雁》和《漁樵問答》等幾乎都有拍子貫穿全曲。此外，一種清晰而一致的強弱交替節拍感亦全曲可見，這方面蔡老師都遵循傳統彈法。但是細聽之下，就可發現她常常在樂句結尾時會縮短節拍的時值，使一樂句到另一樂句間有急躁的感覺，卻使音樂聽起來不太死板又不可預測。她也知道自己彈得很「急」，當學生也這樣彈時，她就會特別提醒他們不要「急」。這種「急」的特質或者與她的性格有關連。蔡老師自幼頭腦靈活，意見特多，且坐立不定，被母親笑稱為「搖鈴心」。

至於中型琴曲，即使琴譜沒有註明，彈琴人都習慣開頭和結尾的樂句或樂段用自由節奏，即所謂的散板彈奏。[14] 儘管蔡老師一般都依照這慣例，但她在彈奏中打破正常拍子的例子比其他人多，或出乎意料地移動了節拍的框架（metrical grid）。例如在中型琴曲《平沙落雁》中，她從第一段到第五段都遵循一般較穩定的拍子和速度，

從開始時速度緩慢而逐漸加快。到第六段她突然從既定拍子變為不同的節拍模式；到了第七段再轉為散板，並持續到末段的結尾 [15]。

與一些跟她同時期的琴人演奏比較，就能說明她的風格特色。吳景略是一位公認的當代大琴家。他所彈一首非常著名的琴曲《梧葉舞秋風》，[16] 從首段開始便有拍子，並以二拍子一致地貫穿全曲 [17]。蔡老師在《愔愔室琴譜》的自序中記道，這是她跟她的老師沈草農所學的一首琴曲。1930 年代末沈氏與吳氏兩人活躍於上海和蘇州的琴人小圈子，他們的《梧葉》版本可能有直接關聯，雖然沒有證據，但蔡老師的版本無疑與吳氏非常相似。[18]

但在拍子的處理上卻有明顯差別，其一是開頭樂句。雖然蔡老師的演奏也有拍子，但她從一拍到另一拍時值的細微變化比吳氏版本更具自由感，另一個例子是第九段臨尾處，兩人均從正常拍子轉為散板，但兩人的處理方式卻有所不同。據吳景略的兒子吳文光說，他父親在 1960 和 1970 年代間幾次對他提及：「古琴自由節奏，如以快速的流水板衡量之，則何散之有？」[19] 吳文光是一位造詣很深的琴家兼學者 [20]，他評論道：「所謂的自由節奏與拍速變換有關。」[21] 吳氏父子的說法表明了琴家吳景略以變動拍子與節拍來為聽眾營造出散板的感覺。他們指出，要區分彈琴人對拍子的內部操控和聽眾對拍子的感覺，兩者之間可以存在明顯的差異。吳氏的版本雖然對聽眾營造出一種散板的感覺，但仔細觀察之下，可以將其拆解為建基於多個極快拍子的不規則組合——正如他對散板的論述所暗示一樣。總而言之，吳氏對散板的處理是系統性和自覺性的；而蔡老

師是隨意的和潛意識的。蔡老師另一個處理散板的顯著例子是《長門怨》[22]。此曲第五段最後一樂句突然戲劇性地慢下來，給人一種「彈散了」的感覺。在短短的第六段又恢復入拍和正常速度後，她在樂曲的尾聲段再次化為散板直至結尾。若比較大琴家查阜西所彈同一樂段能突出兩位的明顯分別。查老是一位備受推崇的琴學專家，他的學生許健將他所彈奏的《長門怨》的版本錄音[23]記為五線譜，[24]表明了這個版本的重要性。聽查老的錄音會深感他絕對精準的音高、鮮明的節奏、乾淨俐落的指法以及全曲音樂的連貫性。他與蔡老師的版本對比鮮明，全曲包括尾聲都以均勻拍子彈奏。這種處理的差異反映了彈琴人所享有的自由度，也凸顯了蔡老師本人對散板的偏愛。

個別曲音的時值與整曲的進展速度有一定的關係，而速度的處理是一些琴家發揮其創造力及確立個人風格的一種方法，只要保持在可接受的範圍內彈奏即可。由於琴譜沒有速度標記，速度和其變換的緩急會因不同琴人而異。琴人可以按自己的意願而為。雖然如此，傳統琴曲的演奏幾乎總是從很慢開始，速度逐漸增加，貫穿全曲直到快要結束時為止，速度再次慢下來。【圖片 31】示意這種速度結構，為大部分琴家和大量琴曲所遵從。

這種結構原則幾乎適用於所有小曲。至於中型和大型琴曲，琴譜的標示及對比的音樂素材把樂曲分為很多樂段，個別樂段也會找到這種弧形速度結構，但從一樂段到另一樂段的速度快慢可能會增減，使全曲速度結構更複雜，無異於西方古典音樂的多樂章作品。

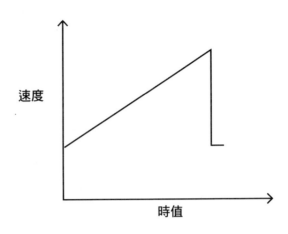

速度

時值

圖片 31 ｜ 琴曲的典型速度結構示意圖。

雖然琴家通常都依照這種演奏方式，但也有特殊例外。其中有二十世紀中葉最受尊崇的大琴家之一管平湖。他的風格特點是拍子整齊且速度穩定，速度很少會突然急劇轉變。即使最長（超過 20 分鐘）最複雜的一首大型多樂章琴曲《廣陵散》，他全曲從頭到尾都保持穩定拍子與漸進速度，只在中間有一次較突然的速度轉變。[25]

與管平湖相對的極端例子是蔡德允。《愔愔室琴譜》卷一中的很多小曲她都依循如【圖片 31】所示的傳統速度結構。至於卷二和卷三中的中型琴曲，她使用段與段之間的速度變化來劃分樂段並營造音樂高潮。她的學生所公認最明顯的例子包括《平沙落雁》的大約三分之二處，以及《水仙操》的大約一半處，速度突然慢了下來，這種現象不同於【圖片 31】所示的接近曲尾時減慢速度。在琴曲

中段改變速度是通過速度處理來塑造大型結構的方法。因此值得仔細研究另一首作品《漁樵問答》的細節。[26]

雖然譜中未有特別註明，基於其樂音結構，《漁樵問答》可分為兩部分，第二部分的後半部重複了第一部分的後半部，簡而言之，其結構可以用相對明確的方式表示為 AC / BC，這種琴曲並不常見。第一部分包括第一段至第四段，第五段的泛音將第一部分帶到結尾。第二部分由第六段至第八段構成，接下來的第九段重複了第四段的一部分，最後的第十段重複了第五段而成為全曲的結尾。這首樂曲的兩部分結構不僅由音樂素材勾勒出來，還通過左手動作的空間分布清楚表現出來：第一部分通常使用琴左邊的「下準」（由七徽至十三徽）；而第二部分則使用琴右邊的「上準」（從一徽到七徽）。除了第二部分的後半部重複第一部分的旋律外，兩個部分的旋律動機都是截然不同的。

蔡老師掌握了作品的二分性，並使用簡單的指法來強調其曲式結構，其中包括速度的運用：她的演繹是第一部分慢而第二部分快。有一次在彈奏此曲時她對我說，前半部表達的意境較溫和平靜，後半部則較跳躍活潑，這與速度是兩回事但又相關。她一般只是直接以彈奏示範，很少以語言描述如何理解和彈奏一段琴曲，這次是少有的例外。

蔡老師處理速度的另一例子是前面提過的《長門怨》。撇開散板的開頭部分和尾聲，第二段至第六段的拍速分別為每分鐘 52、72、

84、88 和 90 拍。因此她的速度從一段到下一段迅速加快。相比之下，同一部分查阜西的拍速為每分鐘 54、58、60、60 和 66 拍[27]，查氏的速度增加顯然比較溫和與漸進。總的來說，查氏版本不僅這些樂段，而是整曲給人感覺重理性和克制；相對蔡老師的處理則從速度變化，以至自由地運用吟、猱、注和綽等指法，並配合前面提到的散板，營造出更多的感性氛圍。兩種處理的音樂效果正如古希臘神話裏的阿波羅神和迪奧尼索司神，代表理性和感性。

《長門怨》是指漢代（公元前二世紀）陳皇后的故事，她被武帝冷落，幽禁在長門宮，從此過著孤獨的生活。這個故事引起歷代命運與陳皇后相類似的女性共鳴，因此而同情陳皇后。[28] 查氏和蔡老師運用相反的音樂處理手法來表達故事主人公的情感。姑不論誰的意境詮釋更接近故事，蔡老師版本的感性清楚地說明了她獨特的音樂風格和對故事的感受。

對於節奏的細節處理，研究《醉漁唱晚》這首曲也許有所啟發，[29] 據《愔愔室琴譜》自序中所言，此曲是她根據琴家衛仲樂的錄音模仿學習的。衛氏是一位傑出的琴家。他年輕時已經是多種樂器的專業演奏家，除琴外，還包括笛子、琵琶和二胡等。由於他的音樂鑒賞力是來自對大量樂器的理解和廣泛的專業演奏經驗而形成，因此與二十世紀早期大多數琴家頗為不同，這些琴家一般既不是專業演奏家，也不會演奏其他樂器。1938 到 1940 年間，衛氏在美國居留和演出期間，為一家美國唱片公司錄製了《醉漁唱晚》和《陽關三疊》[30]，這有可能是全世界，包括中國在內最早的商業琴曲唱

片。1940 年回到上海後，他開始在滬江大學教授中國音樂，後來在 1949 年成為上海音樂學院中國音樂教授，培養了無數學生，並奠定了他成為當時中國最著名的一位樂器演奏家，蔡老師用衛氏的錄音為範本自學這首曲不足為奇。

衛氏以其精湛的技巧和音樂才華，以明快的節奏、準確的音調與微妙的力度變化演奏《醉漁唱晚》。為了描繪搖搖晃晃的舢舨和醉醺醺腳步不穩的漁夫，他在一些地方使用了節奏的突然變化和巧妙的切分音。在兩拍與三拍組合之間的節奏互動以及「附加節拍」（additive meter）的運用（沒有明顯固定重複形式的二拍子、三拍子或四拍子系列），令他的演奏尤其引人注目。在第五段開頭，他回到前一段以正常二拍子出現過的音樂動機，但改以一系列三連音，並加重了三連音的前兩個音。這實在是一次巧妙而恰當的出色演繹，受到許多與他同時與後代人的仿效。

儘管蔡老師的版本非常緊貼衛氏的節奏處理，但是細聽之下，會發現有時值上的差異。雖然差異非常細微，以至需要電子記譜才能夠作定量分析，但蔡老師所用的一種指法可以不用這微觀層面的數據就能辨別出來，就是她滑音的時值控制。彈琴有兩種常用的作曲和演奏指法：「綽」（將音符從「下」向上滑到指定的音高）和「注」（將音符從「上」向下滑到指定的音高），這是琴譜上既定的兩種指法。可是就算譜中沒有標示，彈琴人也常常會隨意加彈。不過，琴譜並沒有規定綽注的時值和音高值，琴人各有選擇。簡而言之，綽注可以快些或慢些，或在滑動中改變速度；也可以改變滑動的音程，即

手指開始滑動至指定終點（音高）之間的距離。蔡老師比衛氏用得更多「綽」和「注」，並且改變了這些滑音的速度和幅度。特別是當她慢慢滑動一個較大的音程，到達指定音高位置的時刻就會稍為落後於既定的拍子。[31] 蔡老師運用這些裝飾音的方法，使她的版本較衛氏更具隨意感和「醉意」。蔡老師是一個滴酒不沾的人，卻能夠掌握醉酒神態並通過音樂表達出來，實在令人驚訝。

任何關於琴樂時值處理的討論都必須參考《龍翔操》，它以散板貫穿整曲。雖然此曲現存最早譜本收於《澄鑒堂琴譜》（1686），但今天廣為流傳的節奏處理版本是由廣陵派大琴家張子謙所傳授。根據戴微的說法，廣陵派以節奏自由著稱：樂曲速度突然而急劇的變化與拍子的移動。節奏的演繹是隨意的，可據琴家即時感受而有所不同。[32] 這個琴派最有代表性的作品是《龍翔操》，尤其是張氏的版本。[33]

蔡老師說她的版本是學自其師沈草農，而沈草農又是學自張子謙的。[34] 1953 至 1954 年初短暫逗留上海期間，她直接向張氏學習了這個曲目。[35] 不出所料，將蔡、張兩個版本比較下，證明非常相似。然而細聽兩個版本，就會發現明顯的差異。同樣地，雖然很難將全散板的琴曲記譜後再進行比較分析，但還有其他方法可以闡明。總體量度，蔡老師版本的錄音長 4'14"，而張氏版本的錄音為 4'44"，表示蔡老師的錄音速度平均快了 7%。不過，僅以時間並不能說明全部事實，對大多數聽眾來說，僅僅 7% 的差別幾乎不會引起注意，反而是要注意其內部速度的變化。

圖片 32 ｜ 蔡德允書法。

《龍翔操》不僅以散板著稱，且在其段與段之間，時而句與句之間
的速度突然轉變。這種速度處理切合此曲的主題內容：如曲題般可
以想像龍躍在天，忽快忽慢、忽前忽後、忽上忽下地在空中翻滾飛
騰，因此，不但從整體，並且從內部的拍速變更，以至這些變更的
速度來研究兩個版本都很具啟發性。試想拍速的變更及其變更的速

度所產生不同效果的「飛翔」感受。

張氏版本第一段的時值為 49 秒，而蔡老師的是 39 秒——快了約 20%。如果只看此段的第一句，張氏用了 10 秒而蔡老師則 12 秒——速度慢了 20%。因此在第一句較慢之下，此段的其餘部分必然更快，第一樂句與隨後樂句間的速度對比，蔡老師相對張氏的版本必然更為明顯。

對第三段的類似分析顯示，蔡老師使用了同樣的對比，參見【圖片 33】。此段張氏總共為 22 秒，而蔡老師則為 21 秒，兩者幾乎相同。但是這段第一句的彈法值得細察：一開始在右指撥動琴絃時，左手從琴的第七絃左端九徽位置上，急滑到琴右端幾乎盡頭的二、三徽之間，其間還要停頓七個點。音調上，旋律跳升大約兩個八度。這句蔡老師緩慢地開始，但隨著左手手指從左到右沿著琴絃移動，而旋律沿著五聲音階跳躍，速度急劇加快。當旋律到達樂句的結尾同時，左手手指幾乎到達樂器的右端，而音高同樣也爬升到最高點，旋律和手指同時狂奔。音樂以觸目的方式達到了樂曲的第一個高潮——是這首琴曲最具戲劇性的時刻之一，從手部舞動和音樂上都實在地展示了龍的「一飛沖天」。

彈奏這樂句，張氏用了 12 秒而蔡老師 10 秒。儘管相差似乎很小，但在音樂表現力和戲劇效果方面，兩個版本之間的反差卻令人觸目。同樣重要的是，這段隨後的樂句放慢，蔡老師的處理比張氏更為明顯，這恰恰是因為第二句比第一樂句相對更慢。兩者之間的對

比度，蔡老師要比張氏更大。為了便於比較，【圖片 33】展示了兩者的演繹。

評估藝術價值以及判斷以音樂手法去刻畫作品內容的成效，都很難有客觀標準，這是琴樂一個非常重要的課題。由於我對蔡老師的版本更為熟悉，故很自然傾向於喜歡她的版本甚於張老的。但是分析提供了具體的證據，證明蔡老師偏好於速度的鮮明對比和突然變化。這方面她在許多同時代的琴人中尤為突出。

蔡老師的演奏在時值、節奏和速度各方面的一個鮮明特點是她對旋律分句的處理。旋律分句的感覺取決於主音框架內音調的進行、樂音與停頓的時值，以及力度變化和重音運用。當這些因素相互強化時，分句就會清晰而明顯，否則樂句就會模稜兩可。大部分彈琴人都慣常表現出清晰的分句感覺；與此相反，蔡老師經常以出乎意料的方式處理樂音之間的停頓，從而模糊旋律分句的結構。例如樂音進行時可以用一個特定音符來表示樂句的結束，這個音符可以是重複模式的結束音，或者是音階上的「宮」音（某種程度上相當於西方所謂的主音）。然而蔡老師有時可能會在這個音符後面稍停一下，便馬上進入下一個音符，從而模糊了界線感。由於琴譜沒有規定音符或休止符的時值，因此彈奏者具有很大的自由度，可以透過處理音符之間的停頓來建構分句。

蔡老師的學生經常以不同方式來理解這些結構，凸顯了她對模稜兩可的樂句結構的偏愛。無論她的學生有意或無意地使用延長停頓來

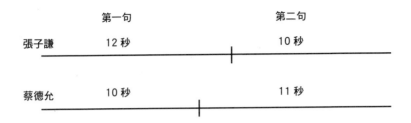

圖片 33｜張子謙與蔡德允在《龍翔操》第三段對速度處理的比較。

加強他們最初所認知的樂句結構，經過多年彈奏，他們之間的認知差異便擴大了。如果兩個學生相隔多時沒有對彈過某一琴曲，再次對彈時就會發現彼此對樂句的理解已經有所偏離，因此需要經過特別調節才能保持一致。由於琴譜沒有規定句法和時值，而老師也從未以口頭解釋樂句的分界，因此學生能維持所學的唯一方法就是與她齊奏、強記她的彈法或聽她的錄音。否則，他們之間的闡釋差異會越來越大。這種差異顯示了蔡老師樂句的模稜兩可性。

與蔡老師使用速度來達到曲式和結構效果有關的是她的取向——與技巧能力——用驚人的速度彈奏一些樂句，以獲得音樂與戲劇性效果。《龍翔操》中的例子已經提過。另一個著名的例子是前面討論過的《醉漁唱晚》末段。這首樂曲的最後一句泛音，她在錄音中以突然飛一般熱烈加速來演奏，以至她的學生很少能夠仿效和重現這種效果。

除了對樂音的時值、速度、節奏和分句相關的時間處理外，蔡老師琴樂的另一個顯著特徵是對「韻」的處理，即對個別樂音的「修飾」。[36] 這種修飾主要是左手技法，可以稱為裝飾音，相當於西方音樂的彈法，諸如刮奏、滑音、倚音、抖音和顫音等等。「修飾」的準確性質要根據指法術語來解釋，此處僅作粗略介紹：當彈奏按音時，左手的大指、食指、中指或名指會緊按琴絃，但是左指一般不會保持靜止，而是當右指撥絃時或在撥絃之前後，以幾種不同的方式移動；每種都產生可謂該樂音的素質或形態。雖然這些裝飾音既不會改變旋律音的感知，也不會影響樂曲的整體結構，但正如音樂學家和理論家反復地指出，它們顯然是琴樂的重要特徵。[37]

有些修飾指法會記在琴譜上，並指示左指滑動的時間與動作。每個指示都有前面提到的名稱（如綽、注等），並寫在指法符號的前後，或直接作為指法符號的一部分。可是這些符號一般都沒有特別指定左指滑動的幅度和速度，容許彈琴人有一定自由度以自己的風格去演繹。此外，即使琴譜上沒有標明，習慣上還是容許彈琴人去修飾個別樂音。由於這種自由度，彈琴人之間最明顯的差異在於他們如何演繹既有的譜號或加入沒有譜號的「修飾」。

蔡老師通常會細心遵循有標註的修飾指法；但她也加入大量沒有標註的修飾。此外，無論這些指法是「綽、注、吟、猱、逗、喚」，或是它們的不同變化，[38] 修飾本身就帶出了她自己獨特的風格，這種風格難以模仿，也難以描述，更難以用任何類型記譜法的符號來表示，除非能夠使用記譜儀（melograph）。即如劉楚華所說：

「某些指法，譬如出神入化的『逗』、『喚』、『飛吟』，時至今日我還沒有學好」。這些指法運用了左臂、手、腕以至指節的動作來彈奏。為了取得飽滿的聲音，手指必須緊按琴絃，而臂、腕與指節必須鬆軟才能作出快速而細微的動作。又如郭茂基（Georges Goormaghtigh）描述蔡老師的雙手時曾說道：「充滿自然活力的雙手又大又飽滿，無須使勁卻無所不及；往復自如，自由自在」。儘管郭茂基用一般詞語描述她的雙手，毫無疑問，他的看法部分源於她的修飾風格和修飾程度。

樂音的修飾不會改變樂曲的整體結構，它卻有助於塑造樂句的結構。而且，當音階內的某個樂音每次出現時都一致用上特別的修飾指法，會賦予樂曲一定的調式特徵。更重要的是，它豐富了整體聲音的織體，並賦予每個特定樂音的自身音樂特點，超越了其與相鄰樂音一起構成旋律的功能。最後這點，我認為最能辨別蔡老師的演奏，尤其是諸如《水仙操》、《龍翔操》和《瀟湘水雲》等大曲。與其他人的版本相比，她整體展現了豐富的音色與織體，這部分歸功於她的修飾指法。

註

1 譯者註：本章經原著者同意，根據其發表於《音樂藝術》2019 年第 4 期的〈蔡德允琴藝風格初探——紀念先師 115 週年誕辰〉一文，在個別地方略作增補。

2 雖然琴曲有琴譜可作依據，但演奏風格對作品結構起了決定性影響。

3 從三位蔡老師學生已發行的激光唱片，劉楚華《水仙操》1996、謝俊仁《一閃燈花墮》2001、蘇思棣（Sou Si-tai）China: The Qin, Zither of the Literati 2007，也能間接聽到老師的琴藝。

4 除極少數外，近年內地發行的琴樂唱片都使用鋼絲琴絃。

5 當代學琴教材的作者建議將最低音的一絃調至中音 C 之下兩個八度（見沈草農等《古琴初階》頁 15），蔡老師通常將絃調低大約小三度。

6 近年來蔡老師學生黃樹志一直在研究和生產優質蠶絲絃，這種憂慮已經減少了。

7 弗雷德·李伯曼（Fredric Lieberman）說，傑出的台灣琴家兼音樂學者梁銘越在錄音和表演時並不避忌低音和蠶絲絃（私人交流）。

8 Robert Hans van Gulik, "The Lore of the Chinese Lute: An Essay on Qin Ideology"（〈琴道〉）, Monumenta Nipponica, no. 3, p. 88.

9 「曲意、曲音的對立和娛人、娛己的對立有其內在關係。琴曲的曲意涉及中國歷史、文學和哲理。如果對中國文化沒有相當程度的認識，對曲意當然不甚了了，剩下的也就只有曲音的宏觀結構和微觀細節，以及種種在旋律、節奏、速度、音量和音色等各樣的組合和變化所創造多姿多彩的音響世界。」譯者註：以上文字摘錄自榮鴻曾〈蔡德允琴藝風格初探——紀念先師 115 週年誕辰〉作為補充解釋。

10 雖然樂譜有暗示節奏的分組。參見 Lee Shek-kam, "Reading between the Lines: The Rhythmic Information in Qin Handbooks"。

11 查阜西寫道：「但是古琴也是有缺點的……雖然有譜，但是譜式還不完整——節奏靠指法決定，而指法中對於板拍或時值不能完全包括。」見查阜西〈古琴的說明〉（1954），載查阜西《查阜西琴學文萃》頁 320；並參考查阜西〈怎樣克服古琴譜的缺點〉（1954），載查阜西《查阜西琴學文萃》頁 308-313。

12 張世彬《中國音樂史論述稿》下冊，頁 422。

13 張世彬《中國音樂史論述稿》下冊，頁 422；榮鴻曾〈以《廣陵散》為例試論琴曲演變的「古」「今」相互影響〉，載《音樂藝術》2017 年第 1 期，頁 84。

14 有時琴譜用譜字「散」來註明尾句或尾段以自由節奏彈奏。

15 所有段數均依照《愔愔室琴譜》所示。

16 這是著名琴家莊臻鳳所作的幾首琴曲之一。莊臻鳳編著的《琴學心聲》（1664）中有十四曲原創作品，其中包括《梧葉舞秋風》。中國梧桐樹高達五十英尺，巨大的葉子可達到一平方英尺，在秋天變成金黃色。吳景略彈奏版本收在《中國音樂大全·古琴卷》第 2 碟第 4 曲。

17 見吳景略、吳文光《虞山吳氏琴譜》樂譜，頁 3。

18 譯者註：《愔愔室琴譜》頁 131 的《梧葉舞秋風》譜中有「『簫聲琴韻室主』參訂擬拍」句，

「簫聲琴韻室主」即吳景略，可證此曲源自吳氏版本。

19　吳景略、吳文光《虞山吳氏琴譜》〈前言〉，頁 4-5。

20　吳文光於 1990 年獲得美國衛斯理大學民族音樂學博士學位，論文題目為 "Wu Jinglue's qin music in its context"（〈吳景略琴樂背景〉），他目前在北京中國音樂學院任教。

21　同註 19。

22　雖然《長門怨》號稱是兩千年前的琴曲，但常見譜本收於《梅庵琴譜》（1931），參見查阜西《存見古琴曲譜輯覽》頁 524-525。譯者註：現存最早的譜本則收於《龍吟館琴譜》（1799），參見謝孝苹〈海外發現《龍吟館琴譜》孤本——為慶祝梅庵琴社創建 60 年而作〉，載《音樂研究》1990 年第 2 期，頁 56-62。

23　收在《中國音樂大全·古琴卷》第 3 碟第 2 曲。

24　收在《古琴曲集》頁 272。

25　《中國音樂大全·古琴卷》第 1 碟第 3 曲。

26　現存最早的譜本收在《杏莊太音續譜》（1560）。蔡老師的版本由她的老師沈草農傳授。見《愔愔室琴譜》頁 173。

27　根據《古琴曲集》頁 272-274 中的速度標記。

28　根據史學家的說法，陳皇后在武帝統治期間陷入了政治權力鬥爭和宮廷陰謀之中。琴曲描述她在宮廷中的寂寞心態。

29　現存最早的譜本載於《西麓堂琴統》（1525）。蔡老師的譜本來自琴家李子昭（1856-1937）的手抄本。

30　這套七十八轉唱片後來被重新發行到 Lyrichord LP 上。衛氏是國際紅十字會組織的一個文化團體的成員，該團在 1938 年 10 月訪問美國，目的是為抗日戰爭的難民籌款。巡迴演出後，他在賓夕法尼亞州匹茲堡附近的一所小型大學以學生身份短暫入學。1981 年我與他會面時，雖然他肯定該大學是位處於這座城市，但他已經忘記記了大學和城市的名字。

31　這種技法及它的音樂效果類似於西方古典音樂中的 rubato。

32　戴微〈傳人·傳譜·傳派——廣陵琴派的歷史沿革和藝術風格研究〉，載《今虞琴刊續》頁 12。

33　張氏的錄音版本在《中國音樂大全·古琴卷》第 3 碟第 5 曲。從錄音記錄的琴譜在《古琴曲集》頁 176-180。由於全曲都是散板，所以許健所記的譜只有大概接近時值的音符，而且隨意調整為節拍結構，結果差強人意。

34　蔡德允《愔愔室琴譜》〈自序〉。

35　參閱第八章。

36　這是「韻」字的幾種含義之一。

37　例如參見 Liang Mingyue（梁銘越），*Music of the Billion: An Introduction to Chinese Musical Culture*, p. 203。

38　有關這些譜字的說明，請參見 Fredric Lieberman, *A Chinese Zither Tutor: The Mei-an Ch'in-p'u* 或 Bell Yung（榮鴻曾）, *Celestial Airs of Antiquity: Music of the Seven-String Zither of China*。

第十二章 鄉愁與吟詠

早年她曾寄望回到故鄉上海。在母親、老師以及其他至愛親朋相繼去世後，她才開始意識到香港已經成為她的家。

蔡德允一直以來都以琴家的身份備受尊崇，近年由於她的眾多學生和新近出版的《愔愔室琴譜》與兩張光盤唱片套裝《蔡德允的古琴藝術》的關係，聲望進一步提高。反而她的詩詞還是寂寂無聞。除了 1940 年代在上海和 1950 與 1960 年代在香港的雅集活動中，在少數詩人之間分享外，蔡老師把她的詩詞私藏，甚少對人公開，即使她最親近的學生也如是。直至 2003 年《愔愔室詩詞文稿》出版後，她的文學作品才開始得到較廣泛的讀者認識。從詩詞的修辭、格律、風格、用典和比興，以至其藝術性等作出全面評論，會超出了本文研究範圍。然而，我們可以藉著詩詞的內容，更深入去理解蔡老師的人生以及她對各種藝術的追求，最重要的是她對外在世界的最深層感受和想法。本章將朝著這方向詮釋她的詩詞。

正如所料，詩詞有相當部分都提到了琴與琴曲。大概統計，已發表的詩詞約有四分之一提到了琴、彈琴或　些琴曲。要留意的是，由於琴一直是文人的樂器，即使不會彈琴的詞家也會提及琴。不過，由於蔡老師本身是一位琴人，所以她對琴的引用就更加具體而生動。有一首詩開頭就提到了詩和琴：[1]

欹枕尋詩　橫琴按譜

她所引的琴曲以《瀟湘水雲》出現最多，不足為怪，因為這是她最拿手的樂曲。《梅花三弄》也頻頻出現，大概因為這種花在她生命中別具角色。[2] 她常引用的曲目還有《平沙落雁》、《漁樵問答》、《憶故人》和《胡笳十八拍》等，這些琴曲對她的生活都具有特殊

圖片 34 |《愔愔室詩詞文稿》。

意義。《平沙落雁》和《漁樵問答》是體現道家遠離俗世煩囂，
過上寧靜生活的代表作——正是蔡老師衷心嚮往的理想。顧名思
義，《憶故人》是表達對逝去或分離多年老朋友的思念之情。《胡笳
十八拍》內容是著名詩人和琴家蔡琰的故事，她被「蠻夷」匈奴俘
虜，成為匈奴王的妻子，生育了兩個兒子。十二年後她被贖回家
鄉。蔡琰寫了許多詩篇表達了她被放逐異鄉，遠離親人的悲痛。後

來許多藝術創作包括繪畫、詩詞、歌曲、戲劇和琴曲等都敘述了她的故事。據一些歷史文獻的記載，以此為題的琴曲包括《胡笳十八拍》，都認為是她所作。蔡老師不僅與蔡琰同姓，而且有可能將自己一生漂泊的遭遇代入了她的生平。

1951 年蔡老師專為自己鍾愛的「虎嘯」琴賦詞一闋，[3] 詞首序云：「新得古琴名『萬壑松風』，宜可珍惜，但學琴之初，惟『虎嘯』是親，撫弄之際，不無偏愛。念人生朝露，壽不及物，喜之愈深，捨之愈難，感而賦此。」

她在雅集寫的詩詞可算是「公開」的，其他則可算是「私藏」的，因為這些詩詞是為自己而寫，除了給最親近的朋友，例如她的彈琴老師過目，其他人是看不到的。1940 年代她在上海私下寫的詩詞常以琴和彈琴為題，表達了孤單憂鬱之情。這並不奇怪，因為彈琴往往獨自在夜闌人靜，落寞與容易陷入沉思的時候。讀這些詩詞，會覺得部分是為賦新詞強說愁的作品，為探索詩趣或練習體裁而作，不一定出於內心深處的情感。蔡老師自己在詩詞文稿卷一末尾總結為「檢閱舊作，頗多無病呻吟之作，應刪者自多，當再細閱之。」[4] 反之，1950 年後在香港所寫的實在為「……藉以寄意抒情，言志述懷而已，其中所及之悲歡離合，亦僅一己之感觸，未嘗有發表於世之想。」[5] 因此這些作品值得更深入地研究，以洞悉她內心深處的情感。要在適當的背景下閱讀這些詩詞，就要回顧蔡老師一生的不同時期。

二十世紀上半葉是中國內外交困的戰亂時期。由於局勢不穩，許多中國人被迫流離失所。蔡老師一家也不例外。她總結了自己的漂泊生涯如下：「辛亥革命時我還小，不甚了了，但戰爭的確影響了我的一生。婚後沒幾年，碰到美國經濟大蕭條，先夫的儲蓄都存在上海租界的一家美國銀行，不幸倒閉了，使我們經濟大受打擊。其後 1937 年日寇侵華，我們拋棄了上海的家，在香港從零開始，剛剛安定下來，1941 年 12 月香港淪陷，我們僥倖活命，但坐吃山空，幾乎一無所有。戰後在上海又辛辛苦苦重新建立了一個家，但1949 年的變化又使我們雙手空空的重來香港。試想，一個人一生遭到一次毀家已經很不幸，但是我們經歷三次！不過，比起許多在戰爭中家破人亡的人，我們雖然歷經崎嶇，總算在香港過了半個世紀的太平日子，應該十分知足了。」[6]

1950 年蔡老師與丈夫抵達香港時，本想可以像 1937 至 1942 年間第一次旅港般暫時逗留。然而，1953 年她回到上海省親，經歷了那次短暫而創傷的旅程後，看到中華人民共和國鞏固了內地的統治，她意識到自己在香港居留可能會無限期地延續下去。隨著時光流逝，蔡老師在香港愈來愈感受到思想被流放，也愈來愈眷戀上海和老一套生活方式，在在都深刻地表達在 1950 至 1960 年代所寫的詩詞中。參加雅集雖然可以得到一些慰藉，但蔡老師的疏離感並未消減。她從來不覺得這地方是她自己的家，所以從沒有學會稍為流利的廣東話，也從未有認真去嘗試。

在那些年頭，蔡老師與她母親和老師沈草農頻頻互通魚雁。又常

與沈草農和詩來抒發彼此的感受。蔡老師的母親和老師於 1957 和 1973 年相繼去世，都對她影響深遠：一方面至親的逝去使她更加孤單；而另一方面，她年輕時代生活最後的聯繫也斷絕了，就算前景乏味，也迫使她將注意力集中於香港及這裏的人。事實上，蔡老師通過雅集與來自北方的同鄉眷戀過去，與他們一起的片刻時光感到賓至如歸。但是這些朋友一個一個或年老歸隱、或歸道山、或移居他國。到了 1960 年代末，雅集聚會都停止了。可能出於這個原因，她幾乎再不吟詠了。

蔡老師最親密的文友是徐文鏡，對他的琴、詩、書、畫都由衷地佩服。由於他年高望重，成為了雅集公認的主持人。徐文鏡從不為五斗米折腰，所以蔡老師與他志趣相投，縱使他的書畫有價，但仍然甘居陋巷，安貧樂道。1950 年代末徐氏漸漸失去視力，使他無法繼續繪事，但他仍然活躍於雅集。1970 年，七十六歲的徐文鏡完全失明，終於放棄獨居，由兒子接回家中，同住於香港新界一個偏僻的地方。當時他已經出版了自己的詩文集，將自己所有藝術品或變賣、或餽贈，退出了他活躍的藝壇，並於 1975 年去世。

徐文鏡的離世僅是蔡老師朋友圈眾多損失中最重要的一位，其他許多人也相繼離開了。她的畫友周士心 1970 年移居北美，[7] 與此同時，著名的古琴與琵琶演奏家呂振原遠赴巴西，最終定居洛杉磯，並任教於加州大學（University of California）。[8] 琴家吳宗漢 1967 年移居台灣，其後於 1972 年定居洛杉磯。1973 年，蔡老師的琴生學者潘重規從他新亞書院的教職退休後，移居台灣。[9] 那幾年間一

些人也相繼離世，包括 1978 年去世的學者唐君毅。由北方人在亞熱帶的香港短暫堅持下來的雅集傳統最後篇章，終於落幕了。

然而，1960 年代中以來，越來越多充滿才華，認真好學的青年男女追隨蔡老師學習琴樂。她起初很不情願地答應他們，但很快就欣然接受了，1970 年代以後聚集了一小群追隨她的弟子。他們大多是土生土長的香港人，與她親密相處，不但一起彈琴，而且賦詩、寫字和唱崑曲。雖然廣東話和上海話一直是弟子與蔡老師之間溝通的障礙，而且大部分的年紀都屬於她的孫輩，但卻凝聚了一個由她的琴課塑造，以她的理想與她的生活哲理為楷模的新群體。雖然這些學生無法取代與她輩分和背景一樣的北方同鄉，但他們的青春活力和投入精神感動了她，某程度減輕了她的疏離感。在他們的陪伴下，蔡老師彷彿回到了雅集的舊世界。正如她在 2001 年所說：「學生人數眾多，不能盡憶，他們都學有所成，並且教了不少學生，還常常到我家中來彈琴，成為我的好朋友，使我的老年生活非常豐富和愉快。」[10]

1935 年父親去世後，蔡老師與上海的連繫逐漸中斷，當時上海正面臨日軍全面進攻的關頭，她即將啟程前往香港。蔡老師很少談及父親，但四闋寫於 1940 年代中後期的詞，卻流露著深深的感情。其中一闋《水調歌頭——思父》的下半闋云：[11]

夜台寂　悽以惻　覓無痕
除非有夢　談笑難似舊時真

兒學瑤琴能撫　更喜新詞圖譜

親在未曾聞　舉首無消息　望眼濕行雲

她懷念父親而連繫到青少年時代的「舊日時光」，在其他詩詞也可見到。另一闋未註明日期，可能寫於 1940 年代中，題為「思親」的詞《踏莎行》，[12] 有短序云：「先父在日，喜阿母親製蟹粉，雖不勝酒，亦淺飲小杯為歡。菊盛時，廳事庭階陳列殆編，以其種多而色繁也。人事滄桑，今皆無有矣，撫今追昔，能不慨然！」

1957 年，母親在患病三個月後去世時，蔡老師因為未能伺候床邊而感到無比的悲痛、遺憾和內疚。她在一首詞序寫道：「母親自丙申除夕病起［1957 年 1 月下旬］，至丁酉三月卅日［1957 年 4 月30 日］逝世，三個月中頻呼念在外游子，我初以鑒治婚期將近，家中又無工友，事事忙亂，未克歸省，鑒治婚後勞憊不堪，而母病稍稍轉機。迨三月廿四日接家信，知母病又劇，心中極感不寧，亟欲歸去。而旅行社手續須至少五天，移民局手續亦至少須一、二天，鴻來等因斯時適流行性感冒猖獗甚，又恐余手痛腿痛不堪辛苦，同時旅費方面又難籌集，種種阻力勸我勿行，而母親竟於三十日逝世。噩耗傳來，深恨未能返視，致遺終身之憾。痛定思痛，哀未能已，不孝之罪，恕無可恕，不能自諒，無以對母。傷哉！」[13]

在得知母亡消息後不久，她在一首長篇的典雅「駢文」[14]《祭母》中，以樸實無華的措辭傾訴了自己的感情，深深地自責。即使內容

與上述文字大致相同，也值得摘錄：「……想母親臥病三月，念念不孝之兒；而兒在此三月中，竟不能一歸視母。兒祇知自私而不知慰母，母念兒而兒不至，母愛兒而兒不孝。今母死矣，兒哭兒恨於母何補，於心何安，抱恨終身，雖死莫贖。母病兒不來侍護，母死兒不來視殮，兒心不如禽獸，兒尚能為人乎……」[15]

儘管蔡老師從來沒有向學生透露她對香港的疏離感，但 1950 至 1960 年代用素雅的文字寫下大量詩詞中，坦率地表達了她的想法。其中她反復自況為「客」，不斷在「天涯」「海角」「漂泊」，而稱香港為「南蠻」與「海外」。在詩詞中，令人感受到無論在物質上、文化上還是在精神上，她不斷地盼望回到自己真正的家鄉上海。

雖然早在 1954 年鄉愁已經出現在她的詩詞中，但 1957 年起就變得更多更強烈，無疑是喪母之痛的結果。1957 年以後的幾年，有不少詩詞既有對香港的疏離感又有對母親的思念。其中一個好例子是 1959 年所寫的詞《唐多令》：[16]

風雨又成秋　天涯吾倦游　問頻年　何事淹留
似我傷心人幾個　念慈母　恨悠悠
清淚滿雙眸　平生樂事休　棄親朋　來此蠻陬
窗外青山山下水　山無語　水東流

詩詞中常常提到香港四面環山，崎嶇不平，與方圓數里都是平原的上海形成鮮明對比。群山比喻阻擋回到上海的屏障。中國人的世界

觀裏有山就有水，這種配對源遠流長，深含哲理和詩意。蔡老師使用這種配對的部分原因無疑是出於詩意。由於香港四面既環海也環山，因此引用地形作為強烈的比喻，除了忠於事實外，也凸顯了她的孤獨和被迫離家的感受。從 1957 年寫的詞《搗練子》可以反映出來：[17]

無數水　許多山　隔斷鄉心又幾年
短夢驚回傷夜永　生涯何事到南蠻

1961 年寫的七絕《有感》，亦以山比作自然和文化的屏障：[18]

山南山北兩天涯　歲暮何人不想家
應羨神仙能辟穀　苕華[19]讀罷暗咨嗟

另幾首詩詞形容只有夢境才能讓她回到家鄉。以上引過紀念她父親的詞有以下幾句：「覓無痕，除非有夢，談笑難似舊時真。」下面的記夢詩是七律《寫懷──用唐君原韻（戊戌年〔1958〕十一月初）》。[20]

蓬飄海上幾經秋　故國空從夢裡游
一曲瑤琴情可託　半生樂事跡難留
西風涕淚憐親舊　遷客雲山結侶儔
懶看夕陽飛鳥急　歸林日日過重樓

另一首記夢詩是《和草師韻四絕》四首七絕詩中的第三首。蔡老師與沈草農和詩為他祝壽，表達了對老師的思念之情，並藉此懷念故鄉上海和故友及家人。以下是順序的四首詩：[21]

嶺上梅開正小春　　亂離時節共芳辰
橫琴剪燭情如作　　廿載惝惝感故人 [22]

漂泊年年祇自愁　　蹉跎日日誤歸舟
殷勤寄語天邊月　　願仗清輝慰故侯

飛夢曾經到國門　　夢回長夜暗消魂
披衣一鼓瀟湘曲　　細認當年舊指痕

身在他鄉思故鄉　　祝君松壽兩無疆
芸窗雅韻賦芳草 [23]　　得句還望便寄將

蔡德允對她老師的複雜情感在前面已經討論過，縱使敬重他是一位琴家、詞家和書法家，但她卻不大喜歡他的為人。從詩中可以看出，她和老師分離了二十年，期間他們只能通過詩詞唱和密切交往，在沒有個人日常往來的負面影響下，她對老師的愛慕和敬仰有增無已，尤其感人的是上述第三首詩最後兩句，離開了她的故鄉和老師，在彈奏了她最鍾愛的一曲時「細認當年舊指痕」，就是「記起你當年教我這首曲時的情景」。

1940 年代蔡老師住在上海並開始學琴後不久，像這四首詩一樣對琴和琴樂的吟詠，就常常在她的詩詞中出現。但是後來在 1950 和 1960 年代的吟詠中，卻呈現出一種截然不同的感覺，像這四首詩般，她以琴來表達思鄉之情。這裏還有一些值得一提的例子，例如六首題為《雜詩——步草農老師述懷六章原韻》的七律。[24] 詩沒註明日期，但是在她的詩詞文集中順序應是寫於 1959 年。以下是六首中的第三首，描述了她的第二次香港之行以及她的母親已經離世的事實。

重來海上誤前因　冷暖人間似越秦 [25]
息影硯田臨蜀素　置身高閣鼓陽春
天涯不惜朱顏改　濁世肯教本性淪
縱使還鄉親已逝　誰憐長作嶺南人

以上的詩將彈琴與書法並列，另一例子是將讀書與彈琴並列，以安慰自己漂泊天涯。1960 年她病癒後寫了這闋詞《浣溪沙——病起》：[26]

秋雨秋風動客悲　新來又減瘦腰圍　關山依舊月東西 [27]
藥鼎溫存人漸健　琴書漂泊意多違　一場消黯立天涯

她的詩常常以候鳥為題，自然聯想旅途的一切。前面所引的詩中就有這樣的句子：

懶看夕陽飛鳥急　　歸林日日過重樓

蔡老師顯然希望自己也能隨群鳥歸巢。另一首七絕，是寫於 1960 年的《題徐文鏡先生山水畫五絕》的第五首，她想像自己是一隻找不到平沙的倦雁：[28]

數雁斜飛夕照殘　　相思點點入雲寒
湘江風冷蘆花白　　倦翮迴翔欲下難

鳥類之中，雁是道家常常作為自由及融入大自然的象徵，因此它在琴曲傳統中別具意義。《平沙落雁》是蔡老師最著名的曲目之一，最後一句她顯然引用了該曲。詩中還暗喻了她的另一曲目《湘江怨》，表達了與親人分離的悲傷。「蘆花白」是白髮蒼蒼的晚年，寫詩時她年僅五十五歲，外表仍然很年輕。白髮是暗喻精神老去。

隨著歲月流逝，蔡德允的詩詞透露了她逐漸而微妙的轉變，從主動的仰天嘆息到被動的聽天由命。1962 年一闋以雅集為題的詞《菩薩蠻——三月初三日與饒君 [29] 偕往平山盧君家彈琴歸後》[30] 反映了這種轉變：

平山我有彈琴約　　風輕霧暖春衫薄　　到處是天涯　　引商絃響遲
瀟湘雲水闊　　愁似波千疊　　何日好還鄉　　故人情意長

前四行寫得很輕鬆，尤其是「春衫薄」一句，詩詞專家孫筑瑾

（Cecile Sun）認為近乎輕浮，因為「春衫薄」帶有浪漫而無憂無慮的感覺。「到處是天涯」一句暗示已經接受以香港為家，與早期的詩作已經不同。然而詞的後半闋突然轉變了語氣和情緒，援用琴曲「瀟湘水雲」及其隱喻。其後三句表達了一向解不開深深的鄉愁，雅集不過是片刻的喘息。

1965 年的一首五律《偶成——中秋前夕作》，[31] 進一步反映她朝向接受自己在香港所擁有事物的微妙情感轉變。

他鄉悲溴落　親舊遠難知
無限辛酸意　清宵夢醒時
天外秋風起　山前夕照紅
撫琴常自笑　哀樂七絃中

雖然次序調換了，與上首一樣，這首詩前後兩部分之間形成鮮明對比。前四句重複 1950 年代詩詞中常常表達的感情。不過，下半部的「撫琴常自笑，哀樂七絃中」兩句表達了認命的態度，「自笑」和「哀樂」兩詞說明了生活不再完全絕望，而代之以某程度的慰藉。

1970 年代末一位畫友畫了一幀女子抱琴圖送給蔡老師，她在畫上題了一首七絕《題陸馨如女史繪贈抱琴圖——一九七○年十月十五日陸女士親送畫至時寓北角大廈》，[32] 這首詩收進了《愔愔室詩詞文稿》：[33]

抱琴待向何方去　世路崎嶇不可行
我有小樓卿且住　無言相對亦移情

這首詩與早期的詩詞形成鮮明的對比。蔡老師與畫中的女子對話，同時以她自況。中國詩詞常常省略前置詞，第一句很容易就解讀為「我抱著琴往哪兒去？」因此她告訴自己「不要走了，這個世界的道路很險惡。」她謙稱北角大廈三樓的公寓為「小樓」，懇請自己留在那兒，別再期望回到上海了。如此，從 1950 到 1970 年代初，蔡老師在一個與上海世界完全分隔，感到疏離的陌生地方，變為逐漸接受了香港可以居留，那怕只是「卿且住」，可謂繞了一個大圈。正如前述，這種轉變可歸於幾種原因，包括逐漸適應香港的人和環境、與上海的聯繫逐漸消失以及越來越多她喜愛的彈琴學生。

1984 年，受帕金森氏症折磨近十年的沈鴻來與世長辭，享年八十二歲。他日漸惡化的健康給蔡老師帶來了沉重的負擔，要獨力在北角大廈的家裏照顧他。1970 年代末我去她家裏上課時，她對這種困境從來沒有半句怨言。直到近年，她才默默地提起自己身心所忍受的艱辛，因為沈鴻來不僅要蔡老師沒完沒了的照料，而且脾氣暴躁，要老師不斷的關注他。

丈夫逝世以後，蔡老師搬到東京與兒媳鑒治和經棉同住了幾個月。那時候剛巧沈鑒治受聘為《信報》總編輯。該報公認是這個受英國殖民統治的地方中最好的中文報章，是商界、金融界和政界領導必讀的報紙。沈鑒治得到優厚的聘約，他的兩個兒女都已成長，在

美國上大學，又考慮到可以親近母親，因此在東京居住了十八年後，接受了這份工作，1986 年搬回香港。太太袁經楣是一位鋼琴家兼音樂老師，除了在家裏教琴外，還成為香港兒童合唱團的藝術總監。

蔡老師和兒媳一起搬進了位於香港島東區半山雲景道「摩天大廈」最頂兩層的公寓。沈鑒治夫婦住在主樓，而蔡老師在上層有自己的寬敞居室，並有一個不大的天台花園。除了臥室外，還有一個大廳，一邊是休息地方，另一邊是工作地方，有一張書案和一張琴桌。雖然她的樓層有大門通往公共電梯大堂，但還有一條陡峭狹窄的室內樓梯連貫兩層樓，八十多歲的蔡老師每天要多次上下樓梯。作為一個報人，沈鑒治有異常的工作時間，晚飯後就去上班直到清晨，回家後睡到下午才起來。蔡老師一家人在樓下一起吃晚飯，但她會自己準備簡單的早餐，有時在樓上用自己的冰箱和一個雙頭電爐做午飯。

1980 和 1990 年代是香港的關鍵過渡時期。1983 年，戴卓爾夫人（Margaret Thatcher）與北京政府達成協議，定於 1997 年 7 月 1 日英國把統治香港的政權與中華人民共和國交接。很多香港人感覺到 1997 年是一個可怕的期限，將徹底改變香港，這個近半個世紀以來一直是他們相對安全的避風港的未來走向。雖然 1980 年代初，共產政府小心謹慎地走向市場經濟，但香港很多人仍對它的威權管治制度感到極度憂慮。1989 年北京發生史無前例的群眾示威及鎮壓行動，加劇了香港人的恐懼。許多富裕家庭移民外國以保障他們

的財產，並確保繼續享有舒適的生活。

小部分政治活躍份子及公開批評北京政府的人感到憂慮，於是計劃到其他地方另謀出路。其中包括擔任《信報》總編輯，撰寫了無數社論批評時政的沈鑒治。1990 年代中期，他的一對兒女已經長大成人，並且有了自己的事業，除了母親，他在內地或香港都沒有至親。他和妻子打算移民美國。蔡老師考慮到兒子的安全，也主張他們離開。1996 年沈鑒治退休後和袁經楣定居美國加里福尼亞州。

1984 年沈鴻來去世後不久，沈鑒治曾請母親與他夫婦一起去美國斯坦福大學（Stanford University）參加孫女慕絜（Janet）的畢業典禮，但遭母親拒絕了。1996 年沈鑒治夫婦又請母親與他們一起搬到美國加州，再次遭她拒絕。她獨自一人留在香港，搬到九龍半島窩打老道山一間較小的頂層公寓，僱了一位女傭來照顧日常生活。毫無疑問，蔡老師始終都和兒子非常親近：自從 1996 年兒子移民以來，每天都與他通電話，並且數著日子等他回來相聚。與大部分中國父母不同，她拒絕了天天與兒子親近的機會。

在中國傳統背景的家庭，不與兒子住在一起的決定並不尋常，故其背後的原因值得仔細研究。蔡老師自己曾說過幾點：在香港請傭人比在美國更容易更便宜；她不想成為兒媳退休生活的負累；她所有的好友，尤其是彈琴學生都在香港。[34] 但是，有一個不由得不推斷的更深層次，可能連她自己也沒有清楚意識到的潛意識原因。

直到 1990 年代中，蔡老師在香港已經生活了近半個世紀。早年她曾寄望回到故鄉上海。在母親、老師以及其他至愛親朋相繼去世後，她才開始意識到香港已經成為她的家。1950 和 1960 年代數以十年間蔡老師懷著挫折和強烈的疏離感；她與同樣來自北方的文友們交往中找到了短暫而間歇的慰藉。但是他們也慢慢地從她的生活中消失了。當她開始設帳授琴後，一群年輕的香港弟子予她相伴和友誼。雖然有語言屏障和年代鴻溝，她還是慢慢地接受了他們，並將希望回到上海和重拾失去的文化漸漸轉移到培養一個新的年輕群體。1978 年我初次見她時，她幾乎隻字不提上海，只是偶爾回憶起了早年逝去的詩、書、琴友。

如果蔡老師和兒媳一起搬到美國，將更遠離故鄉上海。她將完全不可能再接觸得到自己所熱愛的世界。留在香港，她至少還留在一個失落世界的表象。在詩詞中，她稱香港為「大洋彼岸」和一個「蠻荒之地」，但已接受以此地替代故鄉。如果蔡老師將自己連根拔起，橫渡太平洋搬到地球的另一端，實在難以想像。就像幾乎九百年前的南宋同胞，以及離鄉別井放逐到地球每個角落的無數近代中國人一樣，她懷念那個成長於斯而已消失的世界，對她而言，是一個琴、詩、書、畫的世界。香港至少在地理和文化上還相對接近。

即使她從未將香港視為自己真正的家，但香港仍將她視為自己人。2002 年，香港特別行政區政府授予她第三高榮譽的銀紫荊星章，[35] 表彰她是傑出市民。嘉獎令如下：「蔡女士獲頒授銀紫荊星章。以表彰她作為著名琴家的傑出成就，並在過去五十年對藝術與培養學

生傳統美德作出貢獻。」

2006 年 9 月 5 日，香港學術界為了表示對她的尊崇，由香港浸會大學授予她榮譽大學院士。她沒有出席這兩個頒獎典禮，由兒子沈鑒治代表參加。事實上當她收到獲頒銀紫荊星章通知時，她曾認真想過拒絕這一榮譽，因為如此高調地嘉許她為著名琴家有悖她的人生觀。經家人和學生勸說，這不是個人榮譽，而是對琴樂的認可之下，她才勉強同意接受這項榮譽。

註

1　蔡德允《愔愔室詩詞文稿》頁 22。

2　她學生時代學畫畫時，就特別擅長畫梅花（參見本書第四章）。後來她與兩個好友結誼「歲寒三友」時，她就是「梅花」（參見本書第五章）。

3　蔡德允《愔愔室詩詞文稿》頁 68。

4　蔡德允《愔愔室詩詞文稿》頁 80。

5　蔡德允《愔愔室詩詞文稿》〈自序〉。

6　齊文韶〈國寶級的古琴藝術家——訪蔡德允談古琴與人生〉，載《信報財經月刊》2001 年 1 月，第 286 期，頁 68。

7　譯者註：周士心 2021 年 5 月 11 日逝世於加拿大溫哥華，享年九十八歲。

8　譯者註：呂振原 2008 年於美國加里福尼亞州逝世，享年七十七歲。

9　譯者註：潘重規 2003 年於台灣逝世，享年九十五歲。

10　齊文韶〈國寶級的古琴藝術家——訪蔡德允談古琴與人生〉，載《信報財經月刊》2001 年 1 月，第 286 期，頁 70。

11　蔡德允《愔愔室詩詞文稿》頁 27。

12　蔡德允《愔愔室詩詞文稿》頁 21。

13　蔡德允《愔愔室詩詞文稿》頁 104-105。

14　駢文的特點是使用四、六字的駢句，風格有些花巧和造作，強調文字的排比，注意聲調與諧音，偶有押韻，用典頻繁，是一種運用了中國詩詞特有手法的散文。駢文盛行於六朝，尤其是齊、梁兩朝（479-556）。見 James Robert Hightower, *Topics in Chinese Literature: Outlines and Bibliographies*, p. 38。

15　蔡德允《愔愔室詩詞文稿》頁 102。

16　蔡德允《愔愔室詩詞文稿》頁 116-117。

17　蔡德允《愔愔室詩詞文稿》頁 107。

18　蔡德允《愔愔室詩詞文稿》頁 140。

19　小雅（Xiaoya）是《詩經》中的一類詩，《詩經》是現存最早的詩集，有三百一十篇，作品只追溯到孔子以前。譯者註：《苕華》是《詩經‧小雅》其中一首詩《苕之華》的簡稱，原書只譯為小雅（Xiaoya）。

20　蔡德允《愔愔室詩詞文稿》頁 112。這首詩很可能是在雅集時寫的，因為她在她為王迪寫的《古琴紀事》（1989）中提到了這樣的聚會，這是一個「和詩」例子。

21　蔡德允《愔愔室詩詞文稿》頁 145-146。

22　第四句的「愔愔」是她的齋號。參閱本書第二章註腳 3 的含義。

23　此句的比喻要作解釋。「芸」指芸香，一種芸香科植物，西方學名 Rutaceae。葉、花和枝都有香味。「芸窗」一般比喻書齋，但這裏的「芸」也指沈草農夫人「芸儂」。蔡老師在原詩第三句附註「草農師夫人名芸儂」。此外，「草農」中「草」字意謂「香草」。

24　蔡德允《愔愔室詩詞文稿》頁 125-126。

25　參閱本書第七章，註腳 12。

26 蔡德允《愔愔室詩詞文稿》頁 135。

27 此句是指琴曲《關山月》，意謂她繼續彈琴。

28 蔡德允《愔愔室詩詞文稿》頁 122-123。

29 盧君指盧家炳，一位性格古怪的古琴藏家和琴人；饒君指饒宗頤，一位中文教授、琴人、書法家和中國文學著名學者，參見本書第六章。譯者註：饒宗頤 2018 年於香港逝世，享年一百歲。

30 蔡德允《愔愔室詩詞文稿》頁 148。

31 蔡德允《愔愔室詩詞文稿》頁 158。

32 譯者註：周士心夫人陸馨如 2011 年從溫哥華到香港旅途中病逝。

33 蔡德允《愔愔室詩詞文稿》頁 165。

34 徵得沈鑒治同意，我將他 2006 年就此事寫給我的信抄錄如下：「當我快要退休時，家母非常焦急於經楣和我盡快離開香港。我們找到並買下了現在的公寓『樂園』，她很高興並樂意住在香港，那裏她可以與大多數琴友保持聯繫。來到美國，我們發現自己的生活並非當初想像般簡單。例如，由於我從未在這個國家工作過，所以我們不得不支付自己的醫療保險（每人每月超過一千美元，另加補充保險）。後來我們才發現，家母無法購買自費醫療保險，以她的年紀很難獲得全面的醫療保險。然後還有傭人的問題。換言之，如她住在香港，我們可以聘請兩名家傭照顧她，而且醫療費用合理且負擔得起。

「更早之前我曾向家母提出搬到上海的想法，那裏的傭人會更好，週邊還有親戚，也吃得更合她口味。而且距離美國會更近些。但她不喜歡回內地居住的主意。她在 1953 年的經歷是一個主因，但有香港琴友的陪伴肯定是她偏愛香港的一個因素。

「隨著歲月的流逝，家母的身體狀況每況愈下。她早就意識到自己年事已高，很難長途跋涉到不同的環境去生活，我們真的不敢造次。以她目前身體狀況，這是不切實際的。另一方面，雖然我們每天都有通電話，但她仍然覺得我們距離遙遠。就算她來了，又怎樣生活呢？她需要一個沒有樓梯、有傭人宿舍和有醫療照顧的地方。

「經楣和我現在已經有一棟舒適的房子，但我們也不知道現在的生活方式還能維持多久。儘管所有家務都由我們自己動手（大部分由經楣負責），畢竟我倆都年事已高了。我們許多朋友都搬到護老院或老人宿舍，而我們的效仿日子也越來越近了。我們不知到底是否能夠適應那種生活，但事實上我們將無法長期照顧自己。

「這是我們面臨的困境。經楣的母親也年事已高，幸好她在香港還有一個女兒，而且她母親比較外向。因此，我還是盡可能多回香港，即使這樣的旅程對我的身體相當吃力。無論如何，這樣的情況還得繼續下去。」譯者註：沈鑒治 2019 年 3 月 20 日於美國逝世，享年九十歲。

35 沿襲受殖民統治之地的政府的傳統，香港特別行政區每年向大約一百位傑出市民頒發各種級別的「紫荊星章」。

第十三章 · 二十一世紀的琴界與蔡德允

有位外國訪客與她握手問候
時,發覺她的手是冰涼的,
用英語驚呼道:「你的手很冷
啊!」她毫不猶豫地回答說:
「但是我的心是暖的!」

當蔡德允平靜地生活在她的「棲身避難」之所，與學生們浸淫在詩、書、畫和彈琴的時候，她週遭的琴樂世界已經循著與她人生和藝術理念截然相反的方向，發生了天翻地覆的變化。前面的章節中已經提過，自 1980 年代以來，中國推行市場經濟，為琴樂的專業化和商品化創造了環境。唱片業的興起和中產階級不斷壯大及其購買力日益提高，進一步為富有進取心的琴家開拓藝術市場提供了機會。其中小部分人通過開音樂會，更重要的是通過他們的唱片而名聞全國。[1] 琴界舉辦大量琴學會議和音樂會，並組織了越來越多的琴社。北京和上海是兩個主要活動的重鎮，以頂尖音樂機構為中心。在北京，音樂研究所出版了琴譜和研究論文，也是一些琴學專家的基地。中央音樂學院和中國音樂學院的教員中就有一些著名琴家。自 1990 年代中以來，北京琴會每月舉辦一次雅集活動，還出版了月刊《北京琴訊》。在上海，上海音樂學院的教員中也有著名琴家，他們在 1980 年恢復了著名的今虞琴社，並定期舉辦雅集。此外南京、成都、揚州、杭州和廣州的琴樂活動也得到了發展。[2] 琴社組織也在國外的倫敦、多倫多、溫哥華、紐約和三藩市灣區出現。

活動和興趣的暴增，導致一些琴家成立了一個全國性組織，目的是督導琴樂的未來。因此，2001 年成立了「中國民族管絃樂學會古琴專業委員會」，簡稱「中國琴會」；第一任會長是北京音樂研究所的老琴家兼學者吳釗。

但是，卻沒有人預見到二十一世紀會發生突然而更巨大的變化，這

一變化與過去二十年相比，簡直有天淵之別。2003 年 11 月 7 日，聯合國教育、科學及文化組織（UNESCO）宣布將琴樂納入二十八項「人類口述和非物質遺產代表作」之一；該項目早在兩年前就已經提名。琴界和相關產業及政治組織的反應既迅速又驚人。所有 1990 年代已經蓬勃發展起來的活動，包括新的琴社、刊物和光盤的出版、音樂會和雅集等都大幅增長。琴在中國文化中的重要性現在得到一個權威的國際組織正式確認，很快地被許多琴人和組織者抓緊作為宣傳，並引起政界和廣大民眾的關注。琴成為中國最佳本土音樂的象徵，也成為對氾濫的西方舶來流行音樂的一種抗衡方式。過去幾年，中國互聯網的供需爆發式增長，被推廣琴樂活動的人有效地利用了。[3]

其中一個最引人注目的活動是 2004 年 7、8 月間，由中國琴會在北京舉辦的第一屆全國「中國古琴大賽」。比賽的目的是「促進社會主義文明，發揚中國傳統文化，推進古琴藝術的普及和發展，並發掘和選拔優秀的古琴人才。」[4] 比賽分為四個年齡組別：三十六歲以上、十八至三十六歲、十二至十七歲和十二歲以下。據後來的報導，包括一些來自香港、台灣和美國在內，共有二百多位參賽者。各年齡組別獲頒金獎、銀獎和銅獎合共三十三名。但比賽也引發了爭議，有些參賽者抱怨評審不公，另一些則指責比賽的組織者失德。

琴樂不僅得到推廣，還被用來達到政治目的。據報導，為慶祝中華人民共和國成立五十六週年，2005 年 8 月 26 日在萬里長城的居庸

關舉行了一場盛大的活動：五十六位音樂家身穿中國五十六個民族的服裝（包括主流的漢族），用五十六張琴一起齊奏。[5] 將中國傳統文化的最高象徵，在一座為了分隔而建造的歷史建築上舉行一場象徵民族統一的盛大慶典，顯然沒有料到諷刺意味，卻反映了中國的變化有多大。但這也表明自「文化大革命」，琴代表了在 1949 年以前中國最落後的一面而受到打砸破壞以來，其命運經歷了一次徹底的逆轉。

當琴的世界在她週圍團團轉時，蔡德允的日常生活平靜而自律。一名訪客問她對琴樂普及化的看法——這是幾乎所有其他彈琴人所努力追求的。

她說：「讓我講一個故事給你聽。古代有一位鄉紳，仰慕一位琴人的名氣，請他到鄉下去彈琴。演奏在一個最大的古廟宇中舉行，鄉民都來了，大家鴉雀無聲地恭聽。但是彈到一半，聽眾已經溜了不少。等到一曲奏罷，連鄉紳也不見了，只有一位村民肅立一旁。彈琴者見此情形，起身向他打了一個躬說：『幸虧還有閣下是知音。』此人連忙說：『不敢當，你彈琴的這張桌子是我的，我不過等你彈完好把桌子拿回家罷。』」

據她的解釋，這故事意味著普及古琴不能靠單方面灌輸，聽者必須有一定水平，但是聽者如何才能有水平呢？這不能強求，而是要長時期的教育和培養。說到底，古琴仍以個人修心養性為主，演奏以幾個琴友的雅集為限，最多是讓小眾欣賞。即使如此，它卻能歷

圖片 35 | 蔡德允在北角大廈家居彈琴，1980 年。

千百年而保存下來，可見必有它的真正價值。我們最低要求和最大任務就是要讓多一些人認識它的價值，繼續把這項藝術保存下去。[6]

在最近的另一次訪問中，她談到了琴的道德層面：「音樂可以陶冶性情，習音樂也需要文學修養的配合，因此在文學方面要多用功；同樣需要的是人本身的道德修養，要培養辨別是非的能力。孔子的學說對人生修養和做學問都是很有幫助的，做人不要有私心，要

坦率大方，開誠布公，生活工作要有秩序。總言之，《論語》、《大學》、《中庸》這些傳統著作，多學習是好的。詩詞書畫也應學習。彈古琴需要靜心，也需要正心。」[7]

作為一名衛理公會教徒，蔡老師住在香港島北角區和後來同區半山的雲景道時，二十多年來她如常地到附近的衛理公會教堂做禮拜，她與教會的牧師梁先生成為好朋友。1996年，她搬到距離香港島北角區頗遠的九龍區。當時已經九十多歲了，蔡老師無法長途跋涉去到自己最喜歡的教堂做禮拜。然而，一位牧師和教堂幾位教友改為大約每月一次定期探訪她，他們到來聊天，有時並帶了食物。

由於最近她走路困難，蔡老師使用四腳助行架幫助她在室內走動。兩名全職家傭負責家務、買菜、打掃衛生、做飯並協助她做運動，其中一人晚上守在她床邊。她每天用功地依照物理治療師的指示做運動。而且胃口很好，按照規定的餐單，早餐有水果、雞蛋和麵包；中式午餐有一湯和至少兩道菜；中式晚餐同樣有湯和兩、三道菜。她特別喜歡吃魚，又喜歡冰淇淋。她喜歡有人作伴，尤其是彈琴的老學生。上海著名琴家龔一在2005年寫道：「[最]近一次看望時，蔡老師談興甚濃，笑聲朗朗。滬語、吳語、粵語、英語穿插互換，流利自然，妙語連連，幽默開朗，大有頑童狀。令人忍俊不禁而捧腹。近百歲之人思維之清晰敏捷、言辭之伶俐幽默，更是令人驚羨不已！問其奧秘，答曰：『簡從清食，淡泊無為，操縵撫琴，修身養性！』使人感到眼前的蔡老師真仙人也！」[8]

2003 年以來，蔡老師的視力迅速衰退。當我們探望她時，要面朝窗戶的光線，以便她看到我們。現在即使用放大鏡，她也很難閱讀報紙上的小字。她喜歡別人唸給她聽，就可以跟上世界大事。她尤其不想錯過兒子鑒治為《信報》每週兩次所寫的專欄文章。雖然逐漸退化，蔡老師的聽力仍然很好，記憶力仍然非常敏銳。最令人印象深刻的是她沒有失去她的少女風度和敏銳的幽默感。

這位百歲老人最大的樂趣就是她的學生到來彈琴給她聽。琴桌要搬到她身旁以便她容易聽到。學生彈琴時，她閉上眼睛，雙手放在膝上，輕輕擺動手和手指，就像自己在彈琴一般沉醉在音樂之中。女傭告訴我們，沒有學生到來的日子，當她想聽琴，有時就會播放彈琴錄音，但要傭人將琴桌搬近她，將琴放在桌上，坐在琴邊就像學生在彈琴時一樣。

2006 年 11 月我探望她時，帶了本書手稿讀了幾段給她聽。我最關心的是她到底會不會接受那些語帶雙關和艱深典故的詩詞翻譯。當我開始第一句時，她立即記得是那一首詩——她半個世紀前寫的詩。當我讀到較傷感的句子時，她突然感觸落淚。我馬上改變話題，跟她玩遊戲，要她拼寫長長的英文字。她興高采烈地縱情於我這幼稚的念頭，除了個別棘手的字外，她完全拼對了。我們開懷大笑，把傷感的詩句都拋諸腦後。

我永遠記得蔡老師幾句經典的說話。有位外國訪客與她握手問候時，發覺她的手是冰涼的，用英語驚呼道：「你的手很冷啊！」她

圖片 36｜蔡老師與學生及朋友：前排左至右：蘇思棣、張麗真、劉楚華、蔡老師、梁麗雲、沈興順夫人；後排左至右：區肇鑫、李自強、吳英卉、沈興順、王匡華、黃樹志、何振華（吳英卉學生）、謝俊仁。合照於窩打老道山樂園老師家中，2003 年。

毫不猶豫地回答說：「但是我的心是暖的！」她說了很多別人如何佔人便宜，連自己也受害的事情，她反覆母親給她似是矛盾的忠告：「吃虧是便宜」。我 2004 年 3 月探望她時，由於雙腿無力，她在椅子上站立和坐下時都要攙扶。由於服用某藥物的副作用，她要頻繁上廁所。蔡老師閃爍著雙眼用英語對我說：「又要上廁所了！TOR-YEE-LAY！」將英語廁所（toilet）一字的三個音節拖長並改變音調，恰好變成一句上海話「討厭來！」年老孱弱實在是「討厭來」。但是蔡老師用閃爍的眼睛和一顆溫暖的心勇敢地前進。

註

1 喬建中報導 2000 年在市面有超過五十張光盤唱片供應。見喬建中〈現代琴學論綱〉，載喬建中《嘆詠百年：喬建中音樂學研究文集》頁 211。

2 見喬建中〈現代琴學論綱〉，載喬建中《嘆詠百年：喬建中音樂學研究文集》頁 212。

3 例如 www.guqin.net，2008 年 4 月 4 日登入。譯者註：此網站已失效。

4 www.linkclub.or.jp/-qingxia/cmusic/cmusickaoji.htm，於 2008 年 4 月 4 日進入。譯者註：此網頁已失效。

5 www.chinagreatwall.org/detail/news_detail.jsp?info_id=1100112076&cust_id-greatwall，2008 年 4 月 4 日登入。譯者註：原書所引網頁已經失效，可以參考以下網頁：http://ent.sina.com.cn/y/c/2005-08-26/1724822034.html，2021 年 6 月 10 日登入。

6 齊文韶〈國寶級的古琴藝術家——訪蔡德允談古琴與人生〉，載《信報財經月刊》2001 年 1 月，第 286 期，頁 70。

7 林翠芬〈瀟湘水雲寄平生——蔡德允女史談古琴正心的境界〉，2001。載網頁：http://www.chineseculture.net/guqin/newsletter.html，2008 年 4 月 4 日登入。

8 《德愔琴訊》第三期，頁 19。

原著後記

2007 年 6 月 10 日，這本書稿開始排印時，蔡老師在沈鑒治和袁經楣陪伴下在家中平靜離世了。十多年來一直照顧她健康的學生謝俊仁醫生告訴我們她沒有嚴重疾病，只是老年身體衰退影響進食而靜悄悄地走了。她忠心的女傭瑪麗亞（Maria）和安娜（Anna）告訴我們，她五月中以前都很好，身體惡化的原因，可能是咳嗽影響了她的呼吸和進食。即使她離開了我們，我在這本英文書保持使用現在式（present tense），因為我就是這麼寫的。

附錄

年表

1905	出生於浙江省湖州市雙林鎮
1907	移居上海
1913	開始上學，就讀湖州旅滬公學。
1920	就讀南洋女子師範學校
1922	畢業後留校任教
1924	就讀慕爾堂高等專修學校
1926	畢業於慕爾堂並留校任教兩年
1928	與沈鴻來結婚
1929	兒子鑒治出生；搬離夫家。
1929-1937	任教於中西女塾，其後任教於允中女子中學。
1935	父蔡子穆在上海去世
1937-1942	居於香港，曾任職文書。
1941	開始隨沈草農學琴
1942	返回上海，任職文書，參加雅集。
1949	沈鑒治畢業於上海聖約翰大學
1950	移居香港
1950	高羅佩（Robert Hans van Gulik）在香港登門探訪
1953	冬赴上海探母，次年春回香港。
1957	沈鑒治與袁經楣結婚

1957	母姚懷淑在上海去世
1950s-1960s	參加雅集
1964	在新亞國樂會授琴
1966	為約翰·列維（John Levy）錄製《瀟湘水雲》
1973	老師沈草農在上海去世
1983	為卞趙如蘭錄製彈琴錄影帶
1984	沈鴻來在香港去世，蔡德允到東京與兒媳沈鑒治和袁經楣同住數月。
1986	沈鑒治夫婦遷回香港，一家人住在一起。
1995	九十歲誕辰，學生舉辦雅集祝壽。
1996	沈鑒治夫婦移居美國加州，蔡德允獨自留居香港。
1998	德愔琴社成立
2000	《愔愔室琴譜》出版；《蔡德允古琴藝術》（雙光盤唱片套裝）出版。
2002	獲香港特別行政區政府頒授銀紫荊星章
2003	《愔愔室詩詞文稿》出版
2005	百歲嵩壽，德愔琴社舉辦了一系列演講、演奏會和雅集祝壽。
2006	獲香港浸會大學頒授榮譽大學院士
2007	2007 年 6 月 10 日去世

參考文獻

中文

蔡德允〈悼張世彬琴友〉，載《明報月刊》1978 年 10 月號，頁 33。

蔡德允《古琴紀事》，未出版手稿，1989。

蔡德允《蔡德允古琴藝術》雙光盤唱片連說明書，香港：龍音製作有限公司，RB-001006-2C，2000。

蔡德允《愔愔室琴譜》四卷，榮鴻曾、劉楚華合編，香港：香港大學音樂系，2000。

蔡德允《愔愔室詩詞文稿》兩卷，劉楚華編，香港：香港浸會大學中文系，2003。

戴微〈傳人・傳譜・傳派——廣陵琴派的歷史沿革和藝術風格研究〉，載《今虞琴刊續》頁 10-13，上海：今虞琴社，1996。

《德愔琴訊》創刊號，香港：德愔琴社，2001。

《德愔琴訊》第三期，香港：德愔琴社，2005。

《古琴曲集》，北京：人民音樂出版社，1962。

黃鴻釗《香港近代史》，香港：學津書店，2004。

黃樹志〈碩果僅存的古琴大師——《愔愔室琴譜》與蔡德允的琴學〉，載《信報財經月刊》2001 年 1 月，第 286 期，頁 71-75。

《今虞琴刊》，蘇州：今虞琴社，1937。

林翠芬〈瀟湘水雲寄平生——蔡德允女史談古琴正心的境界〉，2001。載網頁：http://www.chineseculture.net/guqin/newsletter.html，2008 年 4 月 4 日登入。

劉楚華《水仙操》光盤唱片，香港：龍音製作有限公司，RA-961008C，1996。

劉國強等編《懿範千秋：唐君毅夫人謝廷光女史遺稿暨紀念集》，香港：香港中文

大學新亞書院，2002。

馬克鋒《榮氏家族》，廣州：廣州出版社，1997。

齊文韶〈國寶級的古琴藝術家——訪蔡德允談古琴與人生〉，載《信報財經月刊》2001 年 1 月，第 286 期，頁 67-70。

喬建中《嘆詠百年：喬建中音樂學研究文集》，濟南：山東文藝出版社，2002。

沈草農、查阜西、張子謙《古琴初階》，北京：音樂出版社，1961。

沈草農《珍霞閣詞稿》，私刊本，1987。

沈草農《珍霞閣詩草初稿》，私刊本，1987。

沈鑒治〈沈序〉，載《蔡德允古琴藝術》光盤唱片說明書，頁 11-13，香港：龍音製作有限公司，RB-001006-2C，2000。

舒夢蘭《白香詞譜》，上海：文明書局，1919。

吳景略、吳文光《虞山吳氏琴譜》，北京：東方出版社，2001。

許健《琴史初編》，北京：人民音樂出版社，1982。

謝俊仁《一閃燈花墮》光盤唱片，香港：龍音製作有限公司，RA-011003C，2001。

謝孝苹〈海外發現《龍吟館琴譜》孤木——為慶祝梅庵琴社創建 60 年而作〉，載《音樂研究》1990 年第 2 期，頁 56-62。

俞大雄〈琴壇往事〉，載《今虞琴刊續》頁 24-25，上海：今虞琴社，1996。

葉明媚《古琴音樂藝術》，香港：商務印書館，1991。

葉明媚《古琴藝術與中國文化》，香港：中華書局，1994。

榮鴻曾〈以《廣陵散》為例試論琴曲演變的「古」「今」相互影響〉，載《音樂藝術》2017 年第 1 期，頁 84-92。

榮鴻曾〈蔡德允琴藝風格初探——紀念先師 115 週年誕辰〉，載《音樂藝術》2019 年第 4 期，頁 22-28。

榮鴻曾〈從認知觀點剖析文人琴娛己的表現力：給音樂下新定義〉上、下篇，載《中國音樂》2021 年第 4 期，頁 5-17；2021 年第 5 期，頁 83-92。

榮敬本、榮勉韌《梁溪榮氏家族史》，北京：中央編譯出版社，1995。

查阜西《查阜西琴學文萃》，黃旭東等編，北京：中國美術學院出版社，1995。

查阜西編《存見古琴曲譜輯覽》，北京：人民音樂出版社，2001［1958］。

《中國音樂大全・古琴卷》光盤唱片 8 張，北京：中國唱片公司，1994。

周士心《周士心談藝錄》，香港：商務印書館，2000。

張世彬《中國音樂史論述稿》上、下冊，香港：友聯出版社有限公司，1974。

張子謙《操縵瑣記》十卷（去世後出版），北京：中華書局，2005。

英文

Boyce, Conal (賈伯康). "Rhythm and Meter of *Tsyr* in Performance" (〈詠誦「詞」中節奏與小節研究〉). Unpublished PhD dissertation, Harvard University, 1975.

Chao, Yuen Ren (趙元任). "Tone, Intonation, Singsong, Chanting, Recitative, Tonal Composition, and Atonal Composition in Chinese" (〈中國的音、調、吟、誦、唱、宣敘、有調性作曲、無調性作曲〉). In Morris Halle et. al., compiler, *For Roman Jakobson: Essays on the Occasion of His Sixtieth Birthday*, 11 Oct., 1956, pp. 52-59. The Hague: Mouton and Co., 1956.

Chinese Classical Music (《中國古典音樂》). 33" vinyl disc recorded by John Levy. New York: CMS Records, 1972. (First issued in the UK by BBC in 1968.)

Craig, Dale A. (祈偉奧). "Lo Ka Ping: Cantonese Musician" (〈廣東音樂家盧家炳〉), *Arts of Asia*, vol. 1 (November – December 1971), pp. 251-254.

Hightower, James Robert. *Topics in Chinese Literature: Outlines and Bibliographies* (《中國文學選題與文獻》). Harvard-Yenching Institute Studies, vol. 3. Cambridge, Massachusetts: Harvard University Press, 1965.

Lee, Shek-kam (李錫鑫). "Reading between the Lines: The Rhythmic Information in Qin Handbooks" (〈字裏行間：琴譜中旋律的啟示〉). Unpublished MA thesis, University of Pittsburgh, 1995.

Liang, Mingyue (梁銘越). *Music of the Billion: An Introduction to Chinese Musical Culture* (《中國音樂通論》). New York: Heinrichshofen Edition, 1985.

Lieberman, Fredric (李伯曼). *A Chinese Zither Tutor: The Mei-an Ch'in-p'u* (《古琴教學：梅庵琴譜》). Seattle: University of Washington Press, 1977.

Seagrave, Sterling. *The Soong Dynasty* (《宋家王朝》). New York: Harper & Row, 1985.

Sou, Si-tai (蘇思棣). *China: The Qin, Zither of the Literati* (《中國：古琴，文人的樂器》). Compact Disc. Lausanne, Switzerland: Disques VDE-GALLO. CD-1214, 2007.

Van Gulik, Robert Hans (高羅佩). "The Lore of the Chinese Lute: An Essay on Qin Ideology" (〈琴道〉), *Monumenta Nipponica*, no. 3. Tokyo: Sophia University Press / Charles E. Tuttle Company, 1969 [1940].

Wong, Siu-lun (黃紹倫). *Emigrant Entrepreneurs: Shanghai Industrialists in Hong Kong* (《移民香港的上海工業家們》). Hong Kong and New York: Oxford University Press, 1988.

Yung, Bell (榮鴻曾). "*Da Pu*: The Recreative Process for the Music of the Seven-String Zither" (〈打譜──七絃琴音樂再創作的過程〉). In *Music and Context: Essays in Honor of John Milton Ward*, edited by Anne Dhu Shapiro. Cambridge: Harvard University Department of Music, 1985. 許建中文譯本〈打譜──七絃琴音樂再創作的過程〉，《中國音樂學》1988年第2期，頁138-143。

Yung, Bell (榮鴻曾). "Historical Interdependency of Music: A Case Study of the Chinese Seven-String Zither" (〈古今相互影響：七絃琴研究〉), *Journal of the American Musicological Society*, vol. 40, no. 1 (1987), pp. 82-91.

Yung, Bell (榮鴻曾), ed., *Celestial Airs of Antiquity: Music of the Seven-String Zither of China* (《太古神品：中國的七絃琴》). Madison, Wisconsin: A-R Editions, Inc., 1997.

Yung, Bell (榮鴻曾). "Music of Qin: From the Scholar's Study to the Concert Stage" (〈中國的琴：從書房走上舞台〉), *ACMR Reports* (Journal of the Association for Chinese Music Research), vol. 11 (1998), pp. 1-14.

圖
片
目
次

書名
　中國最後一代文人 —— 蔡德允的琴、詩、書與人生
原著
　榮鴻曾
翻譯
　黃樹志
審校
　謝俊仁

責任編輯
　劉穎琳
書籍設計
　姚國豪

出版
　三聯書店（香港）有限公司
　香港北角英皇道 499 號北角工業大廈 20 樓
　Joint Publishing (H.K.) Co., Ltd.
　20/F., North Point Industrial Building,
　499 King's Road, North Point, Hong Kong
香港發行
　香港聯合書刊物流有限公司
　香港新界荃灣德士古道 220-248 號 16 樓
印刷
　美雅印刷製本有限公司
　香港九龍觀塘榮業街 6 號 4 樓 A 室
版次
　2022 年 1 月香港第一版第一次印刷
　2024 年 3 月香港第一版第二次印刷
規格
　特 16 開（150mm x 210mm）248 面
國際書號
　ISBN　978-962-04-4911-6